戦略は「組織の強さ」に従う

Strategy Follows "Strength of the Organization"

"日本的経営"の再考と小規模組織の生きる道

水野 由香里 著

Mizuno Yukari

中央経済社

は し が き

　本書は，「なぜ，日本企業は優れた保有資源を蓄積しながらも，企業競争力を失い，国際競争力に結びついていないと言われるのか」「なぜ，"日本的経営"は機能不全に陥ったのか」「それが本当であるとすれば，企業経営の意思決定はどこで間違えたのか」「そうであれば，日本企業はどうしたら事業で競争力を取り戻すことができるのか」という問題認識を出発点としている。

　また，本書は筆者の前作『小規模組織の特性を活かすイノベーションのマネジメント』（碩学舎，2015年，平成28年度中小企業研究奨励賞受賞）の執筆プロセスにおいて充分に論理を詰めることのできなかった部分を新たに書き起こしたものでもある。

　そこで，本書は，次のような論理の構成となっている。

1．これまで蓄積されてきた資源ベースの戦略論に立脚し，創発戦略として位置づけられている"日本的経営"の強み，すなわち，「組織の強さ」に関する研究を整理する
2．2000年頃から指摘され始めた"日本的経営"が戦略不全に陥った真因を追究する
3．"日本的経営"の強みであった保有資源を十全に活用する戦略フレームワークを提示する
4．それぞれの戦略に適合した企業事例を分析し，それぞれの戦略を比較検討する
5．創発戦略を機能させてきた"日本的経営"を再建するための道筋を示唆し，今後の日本企業の将来に向けて考えるべきことを提示する

第1章では，資源ベースの戦略論に立脚し，創発戦略との親和性が高い“日本的経営”に関する既存研究の整理を通して，“日本的経営”が機能不全に陥った直接の原因は，（経営トップの戦略不全にあるというよりも，むしろ）立案した戦略を実行するプロセスで経営幹部らが管理機能（administration）に重きを置くあまり，経営機能（management）を果たしてこなかったのではないかという推論を導出した。

　すなわち，経営トップの戦略的意思決定を実行する段階で，経営幹部がミドルやロワーの人材に相互作用を引き起こす場を提供しなかった（経営機能を果たさなかった）がために，意図せざる結果を生む事後的合理性が生まれず，また，ミドルやロワーにも場が担保されなかったことによって，①「内向きになった弛んだ共同体」（沼上他［2007］）に成り下がってしまったこと，②彼・彼女らが経営機能を果たしたであろう機会が失われてしまっていることを指摘している。

　ただし，沼上他［2007］では，このような「創発戦略そのものが間違っているのではなく，それをうまく機能させることのできない組織構造・組織運営に問題が存在する」（211頁）ことや，「創発戦略そのものは今後も経営する上で重要な手法の一つとして留まり続けるであろうし，またミドルとロワーが連動しやすい組織を構築しさえすれば，日本は再び創発戦略のもつポテンシャルをうまく活用できるようになるはずである」（210-211頁）ことが強調されている。

　そこで，第2章では，組織が既存資源を中核にして「企業は保有資源を財・サービスに転換して利益を追求する社会的組織である」（Ansoff［1965］）という立場を示すアンゾフ・マトリックスを基盤として，March［1991］の研究も参考にしながら戦略フレームワークを導出した。第3章から第6章では，この戦略フレームワークに則って，3つの戦略・4つのパターンを提示して，知識や情報，技術といった保有資源を活かして創発戦略を実践する企業の成功事例を戦略ごとに説明した。それを踏まえて，第7章においてそれぞれの戦略比較を行い，“日本的経営”を再考した（第8章）。

これらの研究を通して得られた結論（**終章**）は，（成功事例の分析からではあるものの）「"日本的経営"が機能不全に陥った直接の原因は，（経営トップの戦略不全にあるというよりも，むしろ）立案した戦略を実行するプロセスで経営幹部らが管理機能（administration）に重きを置くあまり，経営機能（management）を果たしてこなかったのではないか」という推論を支持するものであった。

　すなわち，本書を通して，"日本的経営"を再建させるためには，そして，日本企業が再び創発戦略を実践して創発戦略から発生する本来の効果を得るためには，①経営トップのみならず経営幹部にいたるまで経営的人材としての意識を持ち，ミドルやロワーの人材に対して相互作用を引き起こす場を提供し，意図せざる結果を生む，また，事後的進化能力が構築できる組織にすること，②そのような場を提供するプロセスで，ミドルやロワーに対して経営の機能の重要性と自らの果たすべき役割を認識させ，プロジェクト・リーダーなどの機会を通じて経営人材としての力量を意識的に磨いてもらうよう意識づけをさせることが重要であること，が明らかとなったのである。

　したがって，本書が，"日本的経営"の再建，そして，小規模組織ならではの「強み」を考えるきっかけとなれば幸いである。

　なお，本書は，下記の助成を受けて行った調査研究の成果の一部である。
1.　科学研究費補助金若手研究（B）研究課題番号：25780240「組織間関係の視点から検証するオープン・イノベーションの研究」（研究代表者：水野由香里）2013年度〜2014年度
2　科学研究費補助金基盤研究（C）研究課題番号：25380554「産学連携の生態系研究　資源動員正当化とダイナミックケイパビリティの総合的分析」（研究代表者：高梨千賀子）2013年度〜2015年度
3.　国士舘大学経営研究所　中期事業計画・プロジェクト研究　2016年度
4.　国士舘大学経営研究所　中期事業計画・プロジェクト研究　2017年度

筆者の前作（水野［2015］）も含めて多くの本がそうであるように，本研究を上梓するまでには，たくさんの方々の協力と支援をいただいた。筆者のインタビュー調査の実施をご快諾してくださった中小企業経営者の方々のご協力なしには，本書は完成し得なかった。特に，事例として取り上げさせていただいた企業である株式会社 マスダックの増田文治氏（代表取締役社長），株式会社 不二製作所の杉山博己氏（代表取締役社長），玉田工業 株式会社の玉田善明氏（代表取締役），株式会社 近藤機械製作所の近藤信夫氏（取締役会長），川並鉄工 株式会社の川並宏造氏（代表取締役），株式会社 ナベルの南部邦男氏（代表取締役）の方々をはじめ（事例記述順），筆者が実施したインタビュー調査にご協力いただいた従業員の方々に対して，ここに厚く御礼申し上げる。

　なお，本書の記述に誤りや不備があれば，その責任は筆者に帰することはいうまでもない。そして，たくさんの方からこのような多大なご協力をいただきながらも，至らない点があるとすれば，筆者の力不足によるところが大きい。しかし，少なからずでも，より多くの企業経営者あるいは日本企業の将来を担う経営幹部および経営者の方々の一助となれば幸いである。

　また，本研究を1冊の本としてまとめ，出版する機会を与えていただいた中央経済社の納見伸之編集長には，本書の上梓まで多大なご尽力をいただいていることに，改めて感謝したい。

　最後に，私事で恐縮ではあるが，本書の執筆を側面から支えてくれた家族への感謝を記したい。2人の息子である歩夢と光樹もずいぶん大きく成長した。彼らが職業選択の際や"将来"を考える際，母親の「仕事」を少しでも理解してもらえれば嬉しいと思っている。

2018年3月　　　　　　　　　　　　　東京・世田谷の研究室にて

　　　　　　　　　　　　　　　　　　　　　　水野 由香里

目　　次

はしがき　i

序　章　保有資源と競争優位の源泉を考える

1　"mottainai" はもったいない─本書の目的　1

2　本書のタイトルに込められたメッセージ　3

3　本書の構成　5

第1章　「組織の強さ」を考えるための架け橋
─学術研究から探る

1　資源ベースの戦略論（Resource-based view of the firm）から
　　考える　11

　⑴　資源ベースの戦略論とは　11

　⑵　未利用資源を活用する　12

　⑶　保有資源を組み合わせる・転用する　14

　⑷　保有資源の1つである技術に着目する　15

　⑸　経営戦略論における理論 "対立" とその実際　16

2　「組織の強さ」に焦点を当てた日本の経営学研究　18

　⑴　"日本的経営" としてハイライトされてきた組織の力　18

　⑵　限定合理的な組織観に基づいた事後的合理性　22

　⑶　創発戦略　25

　⑷　日本企業の「組織の強さ」に関する研究のまとめ　27

3　"日本的経営" は「戦略不全」状態にあるのか？　30

　⑴　戦略不全とは　30

II

- (2) 「組織は良い・強いが，戦略が機能不全」という立場 33
- (3) 「そもそも組織の機軸が機能しなくなった」という立場 36
- (4) 戦略不全に関する研究のまとめ 38

4 戦略と組織の両輪を機能させるために—本章のまとめ 40

補 章 資源ベースの戦略論から派生した概念

1 組織能力・ケイパビリティ・コンピテンシー 53

2 ダイナミック・ケイパビリティ 55

3 レジリエンス（Resilience） 56

- (1) レジリエンス研究の系譜 57
- (2) 社会科学領域におけるレジリエンス研究 58
- (3) 経営学領域におけるレジリエンス研究の重要性の指摘 59
- (4) 経営学領域におけるレジリエンス研究 60

第2章 保有する既存資源を十全に活用する戦略とは
—本書の戦略フレームワーク

1 アンゾフのマトリックスに立ち返る 64

2 知の探索と活用の議論が示唆する戦略論に対する意義 66

3 本研究の戦略フレームワーク 70

4 事例研究の対象となる企業について 73

第3章 技術ストレッチ戦略の実践例

CASE 1 株式会社 マスダック 77

- (1) マスダックの企業概要とこれまでの事業展開 77
- (2) 技術ストレッチ戦略のターニングポイント 79
- (3) 技術ストレッチ戦略から得た効果や意義 80

目　次　III

CASE 2　株式会社 不二製作所　82

　⑴　不二製作所の企業概要とこれまでの事業展開　82

　⑵　技術ストレッチ戦略のターニングポイント　83

　⑶　技術ストレッチ戦略から得た効果や意義　84

第4章　B2Bへの技術スライド戦略の実践例

CASE 3　玉田工業 株式会社　87

　⑴　玉田工業の企業概要とこれまでの事業展開　87

　⑵　技術スライド戦略のターニングポイント　89

　⑶　技術スライド戦略から得た効果や意義　96

CASE 4　株式会社 クロスエフェクト　100

　⑴　クロスエフェクトの企業概要とこれまでの事業展開　100

　⑵　技術スライド戦略のターニングポイント　102

　⑶　技術スライド戦略から得た効果や意義　104

第5章　B2Cへの技術スライド戦略の実践例

CASE 5　株式会社 近藤機械製作所　109

　⑴　近藤機械製作所の概要とこれまでの事業展開　109

　⑵　技術スライド戦略のターニングポイント　111

　⑶　技術スライド戦略から得た効果や意義　114

CASE 6　川並鉄工 株式会社　115

　⑴　川並鉄工の企業概要とこれまでの事業展開　115

　⑵　技術スライド戦略のターニングポイント　117

　⑶　技術スライド戦略から得た効果や意義　120

IV

第6章　顧客フィクスト戦略の実践例

CASE 7　株式会社 ナベル　125

(1) ナベルの企業概要とこれまでの事業展開　125

(2) 顧客フィクスト戦略の実践　128

(3) 顧客フィクスト戦略から得た効果や意義　136

第7章　戦略フレームワークの比較分析

1　7つの事例の整理　139

2　技術ストレッチ戦略の本質　146

(1) 技術ストレッチ戦略を実践するということ　146

(2) 技術ストレッチ戦略の効果　147

(3) 技術ストレッチ戦略の留意点　148

3　技術スライド戦略の本質　149

(1) 技術スライド戦略を実践するということ　149

(2) 技術スライド戦略の効果　153

(3) 技術スライド戦略の留意点　156

4　顧客フィクスト戦略の本質　157

(1) 顧客フィクスト戦略を実践するということ　157

(2) 顧客フィクスト戦略の効果　159

(3) 顧客フィクスト戦略の留意点　161

5　3つの戦略比較―本章のまとめ　162

第8章　"日本的経営"の再考

1　強い組織の源泉　169

(1) 企業の強み　169

(2) 強い組織をつくる要因　171

目　次　Ｖ

2　"日本的経営"を再考する　177

  ⑴　機能不全に陥る原因　177

  ⑵　"日本的経営"の再建　179

終　章　"mottainai" 精神で戦いを制す
  —本書の結論とインプリケーション

1　"日本的経営"の本質—本書の目的と構成，主張の整理　181
2　「組織の強さ」を取り戻すために—本書の結論　184
3　"日本的経営"のこれから—本書のインプリケーション　186

参考文献　189
索　　引　197

序　章

保有資源と競争優位の源泉を考える

1　"mottainai" はもったいない―本書の目的

　2004年にノーベル平和賞を受賞したケニア出身の環境保護活動家であるワンガリ・マータイは，環境問題を考えるにあたってのキーワードを "mottainai" と表現した。本来，この単語は，環境資源の削減や再利用，再生利用を表している。

　しかし，この課題を，企業という分析の単位に置き換えてみると，自社が保有している利用可能な資源が顕在的・潜在的に未利用であること，そして，資源の将来の利用可能性を何らかの理由で知らず知らずのうちに阻害してしまっていることを意味する。この問題は，すなわち，優れている資源を保有しながらも，また，その潜在可能性が高いにもかかわらず，結果的にそれが高い競争力に結びついていない状況を指している。

　これらの指摘は，実業界出身者からは1990年代から，そして，日本の経営学研究者らからは2000年代頃から確認されるようになってきている（沼上・軽部・加藤・田中・島本 ［2007］）。たとえば，一橋大学イノベーション研究センター編 ［2001］ では，日本企業が（経済的成果をもたらす革新を意味する）イノベーション（技術革新）ではなく，インベンション（発明）に甘んじてきたという指摘がなされている。また，藤本 ［2004］ においては，「こうして「競争力」をいくつかの層に比較してみると，日本の多くの産業にお

いて，「もの造りの組織能力」や裏の競争力[1]は強いが，表の競争力[2]や収益パフォーマンスになると弱くなる」という傾向が浮き彫りになってきます。つまり，組織能力・競争力・収益力の各層の間にアンバランスがある。「競争力のねじれ現象」がおこっている」（55頁）との問題認識を示している。さらに，妹尾［2009］は，本のタイトルからしてある意味，衝撃的である。『技術で勝る日本が，なぜ，事業で負けるのか』。このタイトルは，保有技術が高いにもかかわらず，それが企業競争力・国際競争力に結びついていないことに警笛を鳴らしている。

　企業にとって，このような状況はまさしく "mottainai" ことなのである。したがって，日本企業はこの状況をいかにして打破し，既存の保有資源を最大限に活用し，競争力に結びつけていくべきなのかを考えなければならない。そこで，本書では，なぜ，企業が優れた資源を保有しながらも，このような状況に陥ってしまったのか，その意思決定はどこで間違ったのか，そして，どのようにしたら事業で競争力を発揮することができるのか，を考える礎（いしずえ）を提供することを第1の目的としている。これがサブタイトルの前半にあたる部分を「"日本的経営" の再考」とした理由である。このことは，企業規模の大小を問わず，普遍的な重要課題であると考えているためである。

　その一方で，このような状況に陥っていない，あるいは，打破してきた企業が存在するはずである。これらの企業を探索して，その軌跡を丹念に追って事例を紐解くことは，われわれ経営学者の1つの使命であろうと考えている。

　特に，小規模組織は，規模的制約もあり，将来の事業展開を考える上で，保有資源の制約を強く受ける。しかし，このような制約下においても，小規模ならではの特性を活かし，イノベーションを実現している事例も決して少なくない（水野［2015］）。これらの事例を詳細な記述により丹念に追うことで，いかに制約が大きくとも，それを打破することは不可能ではないということが明らかとなるであろう[3]。したがって，本書では，制約という状況に直面しながらも，いかにして保有資源を有効活用するのか，その展開可能性

がどこに隠されているのかを紐解くことを第2の目的としている。これがサブタイトルの後半にあたる「小規模組織の生きる道」とした理由である。この点から，本章で取り上げる事例は，中小企業基本法における「中小企業」に該当する中小・中堅企業に焦点を当てることとする。

2 | 本書のタイトルに込められたメッセージ

　Chandler［1962］は，アメリカにおいて確認されたビッグ・ビジネス化，すなわち，企業の巨大化という現象に着目して，4つの事例の緻密な記述から，有名な命題である「組織は戦略に従う」（"Structure follows strategy."）を導出した。すなわち，文字通りに解釈すると，企業戦略が先に策定され，組織構造はあらかじめ策定された戦略に規定されるという関係である。

　しかし，チャンドラー［2004］において指摘されているように，チャンドラー自身は，「戦略が組織に影響を及ぼすのと同じように，組織も戦略に影響する」（xvi頁）と言及している。また，それに続いて，「だが，戦略のほうが組織よりも先に変わるため[4]，そしてまたおそらく，版元（出版社のこと：筆者注）MITプレスの編集者の意向によって本書のタイトルを『組織と戦略』から『戦略と組織』に変更したため，本書は，組織がいかに戦略に影響するかという点よりもむしろ，戦略の組織への影響を説くことに力を入れているとの印象を与えるだろう。私自身は当初から，現代企業の組織構造と戦略との関係，さらには常に変化する外部環境と組織や戦略との複雑な相互関係を調べるのを目的としていた」（xvi頁）と強調している。

　同書に「解説―20世紀経営史の金字塔」と題した解説を執筆した米倉誠一郎もこの点に着目し，「「組織は戦略に従う」という命題をきわめて表層的に理解すれば，戦略は組織の上位概念であり，組織に対して常に規定的な景況を及ぼすように考えられる。しかし，今回の新訳（チャンドラー［2004］）に収録された1989年版の序文に著者自身が述べているように，「戦略が組織に影響を及ぼすのと同じように，組織も戦略に影響する」。その意味で，本

書は「常に変化する外部環境と組織や戦略との複雑な相互関係を調べる」ために書かれた歴史研究であって，（後年の著作のように）単純な命題をもとに演繹的な結論を一般化したものではない」（iii頁）と主張している。

　以上のことからも，組織が戦略に与える影響もまた考慮する必要があることが指摘されている。この点については，Mizuno［2013］でも確認している。Mizuno［2013］では，事例企業は，（事業環境の悪化による業績低迷期が訪れる前に）顧客シーズの探索活動や技術転用できる業界の模索，資金の内部留保・調達方法の確保，社内組織体制の整備，縦割り組織の解消，権限委譲などを進めており，それが，その後に訪れた景気低迷期の有効な対策となっていた。景気低迷期が訪れる前に，その状況に耐えうる「備え」（provision）として，組織づくりを先に行っていたことが確認されているのである。

　Mizuno［2013］における組織づくりとは，組織の展開や成長のために，自社の保有資源の可能性を引き出し，整理して，組み替え，再利用するなどして，組織そのものを昇華させていく，すなわち，「組織の強さ」をより強める行為である。組織づくりにおいては，すでに保有している資源を十全に活かすという視点が重要になってくるのである。この点を鑑みると，本書は，Penrose［1959］とChandler［1962］の基本的主張と類似している。Penrose［1959］とChandler［1962］の基本的主張および研究の結論が同一であるということに関しては，島本［2015］において明確に指摘されている。島本［2015］では，「Chandler［1962］が書かれた頃，それとはまた別の方向から経済学の世界で企業の成長理論を構築しようとする研究者がいた。ペンローズはPenrose［1959］において，企業成長を未利用資源の多重利用のダイナミズムという観点から把握した。…（中略）…これらの2人の記述によれば，2人は自らの著書を執筆する時点では互いの研究を知らず，執筆完了後に互いの書に触れて，ほぼ同一の結論に達していたことに気がついた。異なるアプローチに基づいた研究の結果，両者ともに未利用の経営資源のより完全な利用が企業成長の原動力だという共通の結論にたどり着いたのであ

る」（48頁）と言及しているのである[5]。

「未利用の経営資源のより完全な利用」（島本［2015］）を追求し続けることができるのかどうかは，筆者自身は，組織そのものの強さ，すなわち，「組織の強さ」であると理解している。ここでいう強さとは，「しなやかさ」と置き換えることができるのかもしれない。利用価値の潜在的可能性を秘めている保有資源を多重かつ重複してありとあらゆる方向への転用や用途を追求し続けるためには，柔軟な発想や思考力，多面的なものの見方が求められるためである。

そこで，本書では，多重利用が可能な組織の保有資源をいかにうまく活用して，戦略を策定して遂行するのか，そして，実際の保有資源が少なく，事業展開上の大きな制約を受けているであろう小規模組織が実際にどのように保有資源を活用して戦略を実践しているのかを追究する。このようなメッセージを込めて本書のタイトルを『戦略は「組織の強さ」に従う』としたのである。

優良な保有資源が存在しながら，また，それをうまく活用して自社の事業展開に結びつけるポテンシャルが高いにもかかわらず，それが十全に活かせていないということはその組織にとって残念，かつ，"mottainai"ことなのである。本書が，このような帰結に陥ることのない方策を考える機会となることを期待したい。

3 本書の構成

本書は，序章を含めた全10章とエディトリアルとして位置づけている補章から構成される。

第1章では，まず，これまで経営学で蓄積されてきた研究において，どのような「組織の強さ」に該当する研究が進められてきたのかを整理する。そのために，資源ベースの戦略論（Resource-based view of the firm）に遡って，それらの研究の系譜を紐解いていく（第1章第1節）。次に，資源ベー

スの戦略論に依拠して，組織内部のマネジメントにフォーカスされてきた戦略に関する研究の整理を試みる（第1章第2節(1)項と(2)項）。また，特に日本のモノづくり研究者が焦点を当ててきた組織能力を基盤とする創発戦略がどのようなもので（第1章第2節(3)），いつ頃から，そして，なぜ，機能しなくなったのか，また，それが客観的事実であるのかどうかなどについて，既存研究を整理する（第1章第2節(4)）。さらに，それを三品［2004；2007］の「戦略不全」の切り口から分析する（第1章第3節）。その上で，組織の強さが戦略に結びつかなくなったのはなぜか，その真因はどこにあるのか，さらには，組織の強さが戦略に結びつき，イノベーション，すなわち，経済的成果をもたらす革新（一橋大学イノベーション研究センター編［2001］）を実現するために組織のどこを・何を抜本的に改革しなければならないのか，という疑問に対する解決のポイントを提示する（第1章第4節）。

　第1章の補論では，エディトリアルとして，資源ベースの戦略論に立脚して，その後発展してきた経営学における概念整理を試みる。より具体的には，組織の強さの源泉となっている「組織能力」と，類似の概念として理解されることの多い「ダイナミック・ケイパビリティ」（dynamic capability），そして，「レジリエンス」（resilience）について，特にレジリエンス研究については，1818年の文献に遡って整理することとする。

　第2章では，第1章で浮かび上がった組織と戦略の関係，そして，創発戦略に関する既存研究の整理を通して浮かび上がった組織の保有資源を十全に活かすための戦略フレームワークを提示する。その戦略は大きく2つに分別される。それは，技術拡張戦略（technological extension strategy）と，顧客フィクスト戦略（customer fixed strategy）である。前者は，同一業界において，川上および川下に事業展開を図る技術ストレッチ戦略（technological stretch strategy）と異なる業界に事業を展開する技術スライド戦略（technological slide strategy）から構成される。

　第3章から第6章にかけては，第2章で提示された戦略フレームワークを受けて，それぞれの実践例を取り上げる。第3章では，技術拡張戦略におけ

る技術ストレッチ戦略の事例として，埼玉県所沢市に本社を構えるマスダック（焼き菓子製造装置メーカーを祖業として，その後，同社の装置を使用して他社ブランドの焼き菓子の製造を受託することになった企業：CASE 1）と，東京都江東区に本社を構える不二製作所（ブラスト装置メーカーから同社の装置を使用して部品加工も手がけるようになった企業：CASE 2）を取り上げる。

第4章では，技術拡張戦略における技術スライド戦略の事例として，B2B（business to business）に展開した事例として石川県金沢市に本社を構える玉田工業（ガソリンタンクの製造ノウハウを多種多様なタンク製造，およびシステム設計に活かした企業：CASE 3）と，京都府京都市に本社を構えるクロスエフェクト（3次元モデリングを専門とし，製造業から医療事業にも展開した企業：CASE 4）を取り上げる。

第5章では，技術ストレッチ戦略のなかでもB2C（business to consumer）に展開した事例として，愛知県蟹江郡に本社を構える近藤機械製作所（製造装置メーカーおよび航空機等の精密部品加工技術を転用して，自転車部品の加工を手がけるようになった企業：CASE 5）と，京都府京都市に本社を構える川並鉄工（モノづくりの大型機械部品の精密金属切削加工から，インテリア・アート製品を手がけるようになった企業：CASE 6）を取り上げる。

さらに，第6章では，顧客フィクスト戦略の事例として，京都府京都市に本社を構える鶏卵選別装置メーカーのナベル（CASE 7）を取り上げる。

第7章では，第3章から第6章にかけて取り上げた7企業の事例記述をもとに，それぞれの戦略比較を行う。「どの戦略が"正しい"のか」という視点からではなく，事例企業がすでに保有している資源を基盤として，その活用価値を最大限に活かすという観点からのそれぞれの戦略の記述を通して，各戦略の策定と遂行に伴う戦略的メリットや事業リスク，事業展開の将来の可能性，保有資源の将来性などについて考察する。

第8章では，"日本的経営"を再建させるために，そして，"日本的経営"

図表0-1 本書の構成

本書のテーマ：
①日本企業が，なぜ，組織の強さが戦略策定および経済的成果に結びつかない状況に陥ったのか，意思決定のどこで間違っていたのか，どのようにしたら事業で競争力を発揮することができるのか，を考える礎を提供する
②保有資源が少ないという制約に直面しながらも，いかにして，保有資源を有効活用するのか，その展開可能性がどこに隠されているのかを紐解く
③多重利用が可能な組織の保有資源をいかにうまく活用して，戦略を策定して遂行するのか，そして，実際の保有資源が少なく，事業展開上の大きな制約を受ける小規模組織が実際にどのように保有資源を活用して戦略を実践しているのかの解を提供する

第1章：
資源ベースの戦略論に立脚した日本企業の組織と戦略の研究を整理する

第2章：
第1章で浮かび上がった組織と戦略の関係，創発戦略に関する既存研究の整理を通して浮かび上がった組織の保有資源を十全に活かすための戦略フレームワークを提示する

第3章〜第6章：事例研究

第3章：	第4・5章：	第6章：
技術ストレッチ戦略	技術スライド戦略	顧客フィクスト戦略
(マスダックと不二製作所)	(玉田工業とクロスエフェクト，近藤機械製作所と川並鉄工)	(ナベル)

第7章：各戦略の比較分析

第8章："日本的経営"の再考

終章：結論とインプリケーション

がかつて実現させていた強い組織を復活させるために鍵になるのは何かについてまとめる。

　そして，**終章**では，本書の事例分析を通した結論とインプリケーションを提示し，日本企業が強い組織を取り戻すための具体的方策を示したい。本書が保有資源を十全に活用した戦略を策定するヒントとなれば幸いだと思っている。

　本書の構成・全体像を描いたのが，**図表0-1**である。

■注

1 裏の競争力とは，深層のパフォーマンス（藤本［2004］）や深層の競争力（藤本［2003］）とも言われるもので，企業活動や消費者との接点の背後に確認できるものである。裏の競争力の指標は，「生産性」「生産リードタイム」「品質歩留まり」「工程内不良率」で表される。この裏の競争力は，顧客が直接評価することのない競争力ではあるものの，「もの造りの組織能力」がダイレクトに影響することとなる（藤本［2004］）。

2 表の競争力とは，表層のパフォーマンス（藤本［2004］）や表層の競争力（藤本［2003］）とも言われるもので，顧客の直接的な評価に基づくパフォーマンスである。表の競争力の指標は，「価格」「知覚された品質」「ブランド」「納期」「サービス」などで表される。藤本［2004］では，「「表の競争力」の部分でブランド力をしっかり持っていれば，「裏の競争力」が少々劣っていても利益は出る」（52頁）と言及している。

3 したがって，本書は，水野［2015］の続編と位置づけることができる。

4 一般的に，日本企業よりもアメリカ企業のほうが，先に戦略が決定されやすい傾向にあるという指摘をしている研究として三品［2004］や沼上［2009］，軽部［2017］が挙げられる。（日本企業が社内の技術やノウハウを担うコア人材を重視するため，まず先に人材を活用していくことを考える，すなわち，組織ありきであるのに対して）不満を抱えた技術やノウハウを担うコア人材が市場に放出されるために，いつでも当該企業にとって利用価値がある経営資源が調達できるアメリカの労働市場環境下では，利益が出そうな戦略を先に策定して，その戦略に合わせる形で必要な資源を調達しようとするためであると指摘している。

5 Penrose［1959］とChandler［1962］の研究が共通して指摘しているもう1つ重要な点は，経営者の力量が，企業成長や組織変革，戦略遂行に大きな影響力を与えるということである。たとえば，Penrose［1959］では「企業者の判断の問題は，想像力，「センスのよさ」，自信，その他の個人的資質の組み合わせ以上のものをかなり含んでいる」（邦訳，73頁）こと，「経営陣の能力にも差がある。あるタイプの経営陣によって最も効率的に運営される工場の規模が，別のタイプの経営陣にとっては効率的規模とならないこともある」（邦訳，140頁）ことが記述されている。一方，チャンドラー［2004］では「各企業が個々の経営者の寿命を超えて生き続けるのも，技術や市場の要請によって成長が左右されるのも確かだろうが，にもかかわらず，おおもとの経済的役割を健全に，効果的に果たせるかどうかは，もっぱら経営陣の力量次第なのだ」（484頁）と強調している。

第1章

「組織の強さ」を考えるための架け橋
―学術研究から探る

1 資源ベースの戦略論 （Resource-based view of the firm）から考える

(1) 資源ベースの戦略論とは

Penrose［1959］やBarney［1991］らに代表される「競争優位の源泉は企業内部の経営資源にある」という立場は，"Resource-based view of the firm"（RBV），すなわち，資源ベースの戦略論といわれている。資源ベースの戦略論の特徴的，かつ，この組織内部の経営資源を捉える上で重要な点は，内部の可視的な資源そのもののみならず，その背後や深層にある非可視的なそれまでの事業活動を通じて蓄積されてきた知識や経験までをも含んでいるところにある。そのため，資源ベースの戦略論の議論において，組織の資源蓄積の議論と資源利用の議論，そして，組織学習の議論は，コインの裏表のような不可分の関係になる（伊丹・軽部［2004］）。

沼上［2009］では，資源ベースの戦略論に関して「目に見える製品の背後には，目に見えない，あるいは見えにくい「能力」があり，この「能力」を意識して，うまく発展させることこそ，戦略論の最重要課題である。そのため，まず，①コア・コンピタンス（中核的な能力）を特定し，②それを育成・発展させることを最重要課題として認識し，③それらのコンピタンスを単独で，あるいは組み合わせて他の事業へと展開していくシナリオを描くこ

とが重要である」（83頁）と説明されている。同書においても確認されるように，資源ベースの戦略論においては，コア・コンピタンス（Prahalad & Hamel [1990]）が1つのキーワードとなっているが，そのほかにも，ケイパビリティや組織能力，見えざる資産（伊丹 [1980；2012]；伊丹・軽部 [2004]），深層の競争力（藤本 [2003]）などがキーワードとして挙げられる。

　資源ベースの戦略論の重要性を主張するバーニー [2003] は，資源ベースの戦略論の立場が企業の競争優位を高める理由として，これまで経路依存的に蓄積されてきた資源が，外部からは見えにくく，それゆえ，再現が困難であるためであると強調している。また，同書では，その内部資源が市場で競争力を発揮できるほどのものかどうか，そして，内部資源が適切に活用されているのかを確認するためのフレームワークを提示している。それが，VRIOである。VRIOは，Value（価値），Rarity（希少性），Imitability（模倣困難性），Organization（組織）のすべての頭文字を表したものである。すなわち，組織の内部資源を適切に利用することで経済価値（Value）が生まれるかどうか，市場において希少性（Rarity）を担保することができるかどうか，他社による模倣が困難（Imitability）な資源であるかどうか，そのような資源を十全に活用するための組織的な能力（Organization）が備わっているかどうか，を表している。これら4つの要素が満たされているかどうかをVRIOのフレームワークで確認することの必要性を説いている。

　そして，次項以降，資源ベースの戦略論に関して，どのような議論が展開されてきたのかを既存研究を整理しながら確認する。

⑵　未利用資源を活用する

　資源ベースの戦略論を理解する1つ目の視点として，組織が保有する資源にまだ十全に活用されていないさらなる利用価値があるという視点で見ると，組織に存在する未利用資源とその活用という論点が浮かび上がる。このような組織に存在する未利用資源を十全に活用するという視点を全面に出して議論を展開している研究としてPenrose [1959] やChandler [1962] が挙げら

れる。

　Penrose［1959］は，企業の成長の理論を議論の中核に据え，企業が多角化を遂行することによって成長しようとする理由として，組織内に未利用の資源が存在し，それを最大限に利用しようとするからであるという論理を展開している。組織内に未利用資源が存在し，それを活用しようと多角化を行い，そして多角化することで，また新たな未利用資源が発生するために，さらに多角化を進めて資源の「遊休化」を回避して，企業成長を遂げ，ビッグ・ビジネス化するという論理である[1]。

　Chandler［1962］もまた，Penrose［1959］とは論理展開手法が異なるとはいえ，1920年代頃からアメリカで確認されるようになったビッグ・ビジネス化した企業（デュポン，GM，ニュージャージー・スタンダード，シアーズ）を事例に，組織が拡大した理由として，未利用資源を最大限に活用する意図が働いたことを指摘している（島本［2015］）。Chandler［1962］の命題が「組織は戦略に従う」であったとはいえ，先に取り上げたチャンドラー［2004］自身の序章での記述や，Hall & Saias［1980］の指摘や議論の整理から確認されるように，（確かに企業環境は戦略策定に影響を与えているこ

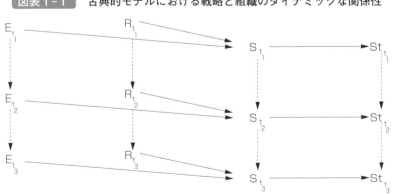

図表1-1　古典的モデルにおける戦略と組織のダイナミックな関係性

注：Eは環境，Rは資源（能力），Sは戦略，Stは組織，t_iは時間を表している。
出所：Hall & Saias［1980］p.150。

とが表されているものの，それと同時に）組織の未利用資源が，戦略決定に影響を与えていることが表されている（**図表1-1**）。組織の保有資源の議論なくしては，戦略策定もただの「絵に描いた餅」になる危険性を同時に表しているといえよう。

　以上の議論からも，まず，組織に利用可能性が高い資源が存在していながらも，未だ十分にそのポテンシャルを活用できていない資源をいかにして有効活用して組織の競争力に結びつけるのか，という視点は，資源ベースの戦略論の立場において重要であることが示唆される。

(3)　保有資源を組み合わせる・転用する

　資源ベースの戦略論を理解する2つ目の視点として，組織が保有する資源を組み合わせる，または統合させる，あるいは転用するという視点で見ることである。保有資源を組み合わせる，あるいは，統合させることによって，市場での競争優位を引き出すという論点である。これらの立場を主張する研究として，Nair, Trendowski & Judge［2008］やPeteraf［1993］，Verona［1999］らを確認することができる。

　Nair, Trendowski & Judge［2008］は，資源ベースの戦略論に立脚しながら，保有資源の組み合わせが企業競争力の源泉になるとの立場を明確に示した上で，Penrose［1959］を理解している。特に，Penrose［1959］（p.25）の記述に着目して，同じ資源でも異なる目的や異なる方法に用いたり，異なるタイプや異なる量の資源を組み合わせてそれまでとは異なるサービスやサービスのセットとして提供することが有効であることを強調している（Nair, Trendowski & Judge［2008］）。また，Peteraf［1993］においても，異質な保有資源どうしの組み合わせを束にして競争優位を構築することの有効性を強調し，さらに，それを組織の包括的学習（collective learning）や組織的知識蓄積に役立てることの重要性を説いている。

　さらに，Verona［1999］では，製品開発のプロジェクトを分析の単位としながらも，さまざまな組織の有形および無形の保有資源を組み合わせて

（あるいは資源を統合させて）経済的成果を実現するモデルを提示している。このモデルにおいて第1に重要な点は，資源を組み合わせて経済的成果を実現するには，製品の有効性（product effectiveness）―すなわち，リードタイムと生産性を測定して判断される数値が高いこと―と，生産プロセスの効率性（process efficiency）―マーケット・ニーズと製品の質が適合していること―が結びついていることが重要であると指摘している。

　そして，このモデルにおいて第2に重要な点は，資源を組み合わせて経済的成果を実現するプロジェクト・リーダーの役割の重要性を指摘していることである。なぜなら，保有資源を組み合わせて製品の有効性と生産プロセスの効率性を引き出す役割を担っているのがプロジェクト・リーダーだからである[2]。

　Nair, Trendowski & Judge［2008］やPeteraf［1993］，Verona［1999］らの議論で重要な視点は，Penrose［1959］やBarney［1991］，Prahalad & Hamel［1990］らの議論を引き合いに出しながら，自身の保有資源を組み合わせて高い成果を発揮するケイパビリティ（組織能力）の概念[3]に着目し[4]，さらに，保有資源の蓄積が経路依存的であることを指摘していることである[5]。

⑷　保有資源の1つである技術に着目する

　企業が保有する経営資源には，一般的にヒト・モノ・カネ・情報が含まれる。したがって，資源ベースの戦略論においては，経営資源すべてを包含して，保有する経営資源を分析の単位として研究が進められることが多い。しかし，特定の経営資源を分析の単位として捉えた研究も存在する。その1つが，保有資源の1つである技術に着目し，技術と戦略の関係を追究した研究である。そのような研究の代表例として，Itami & Numagami［1992］が挙げられる[6]。

　同論文では，戦略と技術の関係について3つのタイプの関係性に分別して説明されている。現在の戦略が現在の技術に影響を及ぼす関係（Current strategy capitalizes on current technology）と，現在の戦略が将来の技術

を深化させる関係（Current strategy cultivates future technology）[7]，そして，現在の技術が将来の戦略を誘発する関係（Current technology drives cognition of future strategy）[8]である。

　同論文では，「現在の戦略が現在の技術に影響を及ぼす関係」については，これまでの戦略論の多くの研究が採用してきた立場であり，静的かつ経済学的視点が多く含まれていることが指摘されている。それに対して，「現在の戦略が将来の技術を深化させる関係」や「現在の技術が将来の戦略を誘発する関係」は，不均衡の概念を取り入れた発展の議論が含まれている。それゆえ，戦略と技術に関する後者2つの関係には，ダイナミックな関係性が包含されることとなる。

　これらのダイナミックな関係性を捉えて戦略と技術を理解する際には，第1に，時間軸で考えることが肝要となる。そのため，時間軸で展開されていく学習曲線や，時間軸で蓄積されていく「見えざる資産」「コア・コンピタンス」という概念が重要となる。第2に，ダイナミックな関係性を理解するためには，戦略と技術の組織的展開プロセスおよび軌跡をたどることが欠かせないことである。したがって，事例を丹念かつ丁寧に記述する必要があり，またこのプロセスを通して，戦略と保有資源の関係性や論理を明らかにすることが可能となることを示唆している。

(5)　経営戦略論における理論"対立"とその実際

　資源ベースの戦略論を理解する上で欠かせない1つの論争がある。それは，1990年代頃から，経営戦略論における資源ベースの戦略論（リソース・ベースト・ビュー）は，戦略ポジショニング（ポジショニング・ビュー）とは対立した立場であると言われるようになっていることである（沼上［2009］）。資源ベースの戦略論が自社の経営資源を中核として経営戦略を策定・遂行する立場であるのに対して，戦略ポジショニングは環境の状況や競争の機会を加味して自社が戦うべき立ち位置を決めて経営戦略を策定・遂行する立場である。この両者の論争は，経営学における国際的トップジャーナルの

"Academy of Management Review" や "Strategic Management Journal" で繰り返されてきた。前者の資源ベースの戦略論を基軸に戦略論の議論を展開してきた代表的な研究としては，Penrose［1959］[9]やBarney［1991］が，後者の戦略ポジショニングを基軸に戦略論の議論を展開してきた代表的な研究としてはPorter［1980；1991］が挙げられる。

　しかし，両者の議論は，沼上［2009］においても指摘されているように「実際には，経営資源への注目（資源ベースの戦略論の立場）と製品－市場でのポジショニングへの注目（戦略ポジショニングの立場）は経営戦略論を策定する際のクルマの両輪であり，その両方の視点を複眼でもつ必要がある」（86頁）。Barney［1986］自身においても，戦略ポジショニングの原点となっている産業組織論の視点と資源ベースの戦略論の原点となっていると主張されているチェンバレン学派の視点には強い相互補完性があるという認識を示している。一方で，Porter［1991］においても，資源ベースの戦略論の立場にはいくつかの疑問を呈しつつも，価値ある資源を保有することの重要性については同意している（ただし，このような戦略がもっとも有効に機能するのは，環境の変化がインクリメンタルである時に限定されるであろうと注意を投げかけている点には留意する必要がある）。

　両者の違いに関しては，楠木［2010］が興味深い説明を行っている。それは，「戦略ポジショニングが「他社と違ったことをする」のに対し，（資源ベースの戦略論に基づく）組織能力（持っている資源を最大限に利用して組織の強さを磨き，市場で競争優位を確保すること）は「他社と違ったものを持つ」という考え方」（125頁）であると整理した上で，「藤本さん（藤本隆宏）の言葉を使えば，戦略ポジショニングが「頭を使う本社発の戦略」であるとすれば，組織能力は「体を鍛える現場発の戦略」であり「体育会系の戦略」」（137頁）であると表現していることである。

2 「組織の強さ」に焦点を当てた日本の経営学研究

(1) "日本的経営"[10]としてハイライトされてきた組織の力

　沼上［2009］で指摘されているように,「リソース・ベースト・ビューの考え方は, 日本企業の経営と共鳴する部分を多数保有している」(90頁)。日本企業の「組織の強さ」に関する研究において着目されてきた視点として, 製造業の現場に焦点を当てたモノづくりの視点や, 組織内部の経営資源に焦点を当てた組織（および戦略との関係）の視点が挙げられる。前者の代表的な研究としては, 野中［1990；2007］やNonaka［1991］, 延岡［1996］, 藤本［1997；2003；2004］などが, 後者の代表的な研究としては伊丹［1984；1999；2005］や伊丹・軽部［2004］, 鈴木［2013］などが代表的な研究として挙げられる。後者の研究においては, 伊丹［1984；2012］や伊丹・軽部［2004］が経営資源の中でも情報に着目して論理が展開されているのに対して, 伊丹［1999；2005］や鈴木［2013］は, 組織内部に生成され自生する空間, すなわち,「場」および「職場」に着目して論理が展開されているという特徴がある。

　野中［1990；2007］やNonaka［1991］は, 知識創造（knowledge-creation）という視点から, 自動車メーカーのホンダやコピー機メーカーのキヤノン, ホームベーカリー（家庭用自動パン焼き器）を開発した松下電器（現Panasonic）を事例として, それらの組織の開発プロセスを追うことで, モノづくりの現場の強さを説明している。ホームベーカリーの開発プロセスでは, 松下電器の開発担当者が,「大阪国際ホテルのパンづくりは大阪で一番」であるということに着目して, 同ホテルのパン職人の生地の練りという暗黙的な知を習得し, それを形式知化してホームベーカリーで再現することに成功したプロセスが描かれている。このような開発を成し遂げる企業を野中［1990；2007］やNonaka［1991］では,「知識創造企業」(knowledge-creating company）と呼んでおり，このような強い組織へと作り変えていくことの重要性を指摘している。

延岡［1996］では，複数の自動車メーカーや工場の現場において，複数のプロジェクトを同時に管理，および，マネジメントするマルチプロジェクト戦略に着目し，開発コストや開発リードタイムを早めて，自動車メーカーの国際競争力を維持するための強い組織づくりをすることの重要性を指摘している。

藤本［1997；2003；2004］は，自動車メーカーであるトヨタ自動車を事例に，「なぜ，トヨタ自動車の企業システムは進化することができたのか」というメカニズムを明らかにしている。一連の研究を通して，当該企業が事前の合理性や競争力強化とは直接関係のない，ある特定の歴史的な状況下（たとえば，労働争議や雇用環境の悪化，資本の不足など）での制約条件に対応せざるを得ない状況に追い込まれた結果，事後的にトータル・システムとしての競争合理性が少しずつ，整備されてきたことを指摘し，「戦後日本の自動車開発・生産システムに関しては，個々の要素に分解してその発生源をたどると，必ずしも競争力の強化を目的として導入したとはいいがたいものも多いが，それにもかかわらずトータル・システムとしては概して高い競争合理性を持っていた，という二面性が観察される」（藤本［1997］81頁）と主張している。

そして，「ある企業組織が固有にもつ能力であって，意図的か意図的でないかにはかかわらず，すでに行われてしまった雑多な試行（trials）に対して，これを再解釈し，精製し直し，結果として一貫した事後的合理性をもつシステムにまとめ上げてしまう力」のことを，藤本［1997；2003；2004］では「事後的進化能力」と呼んでいる。また，このような力は，藤本［2003］において，「「運を実力に転換する力」「失敗から学ぶ能力」「怪我の功名をきっちり活かす能力」「意図せざる結果の意味づけを後づけでしっかり認識する能力」なのである。…（中略）…何が起こっても，結局学習してしまう組織の能力である」（194頁）と指摘している。そして，このような能力が組織に

備わっている理由として，藤本［1997］では，「日ごろの心構え」（363頁）「ある種の「心構え」」（366頁）が組織全体に浸透しているためであると結論づけている。

　すなわち，藤本［1997；2003；2004］が主張する心構えとは，「企業が創発的過程そのものを完全にコントロールすることはできないとしても，組織の成員が日頃からパフォーマンス向上を指向する持続的な意識を保ち，何事か新しいことが起こった時，「これは我々の競争力の向上に役に立たないだろうか」と考えてみる思考習慣を，従業員の多くが共有していること」（藤本［2003］198頁）なのである。

　一方で，組織内部の経営資源に焦点を当てた組織（および戦略との関係）に視点を当てた研究において，伊丹［1984；2012］や伊丹・軽部［2004］では，経営資源の中の情報およびその情報の流れに焦点を当てた論理を展開している。これらの研究には，外部からは目に見えない可視化されない資産を「見えざる資産」と呼び，これこそが情報的経営資源であるという強いメッセージが込められている。情報的経営資源である見えざる資産は，それのみが競争優位性の真の源泉であると強調し，「(1)カネを出しても容易には買えず，自分で作るしかない，(2)作るのに時間がかかる，(3)いったん作ると，同時多重利用が可能になる」（伊丹・軽部［2004］23-24頁）という特徴を持つと指摘している。また，伊丹［1984；2012］や伊丹・軽部［2004］では，情報の流れには，直接ルートによる意図的な流れと，副次的な流れがあるとして，これらの２つの情報の流れのルートが見えざる資産の蓄積に結びついていくという。

　このような情報の流れ，そして，見えざる資産の蓄積が当該組織の戦略をドライブさせる作用があることを指摘している。戦略をドライブするというのは，「「すでにある」（資源の）蓄積の強みを活かす，そのような強みをさらに確固たるものにするという戦略で…（中略）…〈既存の資源蓄積→その利用・さらなる強化としての戦略〉という方向で，既存の資源蓄積が戦略の方向性を規定するという経路」（伊丹・軽部［2004］80-81頁）と，「新たな

（資源の）蓄積やその利用のきっかけをつくりだすのもまた戦略の役割で…（中略）…〈構想としての戦略→新たな資源蓄積〉という方向で，将来への構想が資源蓄積を「促す」という経路」（同，81頁）の２つのアプローチがあるという。前者のアプローチ，すなわち，既存の資源の蓄積がさらなる強化としての戦略をつくりだすことは，いわゆる，「戦略は組織に従う」ルートを説明しており，後者のアプローチ，すなわち，構想としての戦略が新たな資源蓄積を構築することは，いわゆる，「組織は戦略に従う」ルートを説明していると解釈することができよう。伊丹・軽部［2004］においても，チャンドラー［2004］の序文で示された見解が支持されていることを表している。伊丹［1984；2012］や伊丹・軽部［2004］の主張は，この２つのルートを両立させることで組織の強さを追求することができると示唆しているといえよう。

　また，伊丹［1999；2005］では，組織の強さの源泉となる概念として「場の生成」「場のマネジメント」の重要性も指摘している。同研究では，場を「人々が参加し，意識・無意識のうちに相互に観察し，コミュニケーションを行い，相互に理解し，相互に働きかけあい，共通の体験をする，その状況の枠組みのことである」と定義し，このような枠組みを「人々の間の情報的相互作用の容れもの」（伊丹［1999］23頁）であると主張している。そして，組織構成員は，この情報的相互作用の容れもののなかで，「情報を受け取り，処理し，あるいは，情報処理のプロセスの中から情報の意味を発見し，新しい情報の創造を行う」（同，24頁）ことに着目し，このような場が機能することで，協働的な行動と学習を生むという。このような場の舵取りを組織がうまくマネジメントすることで，トータルとしての組織の力を高めることができるという主張である。

　場という独特の概念ではなく，場の１つのタイプとして位置づけられる組織内部の「職場」という単位に着目したのが鈴木［2013］である。鈴木［2013］では，職場で「助け合い」「とことんやる」という個人間の行為によって，職場での関わりあいを増やすことで，創意工夫する行動を誘発し，

集団凝集性を高めて強い職場を構築するようになる。そして，それが組織構成員である個人と組織そのものを強くすることとなり，結果的に組織は高業績を達成できるという論理を主張している。したがって，企業の総力を大きくする（鈴木［2013］），すなわち，強い組織をつくるためには，「職場をいかにしてマネジメントするのか」と「関わりあう職場を組織がいかにマネジメントするのか」という2タイプの関わりあう職場のマネジメント（鈴木［2013］220頁）が不可欠であると強調している。

(2)　限定合理的な組織観に基づいた事後的合理性

これまでの"日本的経営"に関連する研究で確認される1つの特徴的な点として，新たに発生した状況や制約条件に対応しているプロセスで，事前には意図していなかった結果がもたらされた，すなわち，組織が柔軟に適応するプロセスを経て結果的に成功した，あるいは，結果的に合理的であったという指摘が少なくない。それは，日本的経営研究で取り上げられてきたキーワードに「事後的合理性」「事後的進化能力」（藤本［1997］）や「瓢箪から駒」「怪我の功名」（藤本［1997；2003；2004］；水野［2015］），「意図せざる結果」（沼上［2000］），ダイナミックなシステムのもたらす意図せざる結果を経営戦略論の議論に持ち込むという貢献をした（沼上［2009］）と評価されている「オーバーエクステンション戦略（過度拡張戦略）」[11]（伊丹［2012］）などを挙げることができることからも理解できる。

そこで，以下では，事前には意図していなかったにもかかわらず，事後的に効果がもたらされたという記述を確認する。

藤本［1997］では，明らかに，トヨタ自動車がこのような，事前には意図していなかった結果がもたらされていたという例を複数確認することができる。たとえば，第3章では，戦後のトヨタ自動車において，ほぼ一貫した生産台数の伸びと従業員の増加率とを比較すると相対的に低く，生産量成長に伴う生産性に与えたプラスの成果を指摘している。この点に関して，「直接効果以上に重要なことは，インプット調達制限[12]下での生産量成長による

「意図せざる結果」として，生産性向上に貢献する能力や制度が獲得される，という間接的な効果である。その中で最も重要だったのは，①企業内での過剰分業・硬直的分業の制度的な抑制（多能工制，多工程持ち，幅広い職務区分，技能対応給，作業標準の改定など）と，②サプライヤーとの企業間分業の促進（高い外製率，ユニット納入，承認図方式など），③既存設備の活用というノウハウ・生産思想の定着，などであろう。いずれも，当事者がはじめから競争力向上を目的として獲得したとはいえない面があるが，結果としては日本企業の競争力に貢献しているのである」（55頁）と指摘している。

　第6章では，「たしかに，すでにみたように，出来上がった製品開発システムには一定の競争合理性が認められる。…（中略）…しかしながら，本書で繰り返し示してきたように，実際の事例を見ると，このような事前合理的な競争適応行動のみによっては説明しきれないものが目につく。例えば，日本企業の製品開発システムを構成する要素の中には，その国際競争力への貢献が明らかになるよりずっと前に構築されていたと考えられるものがある。つまり，日本企業は，ある種の製品開発能力を，それが後に国際競争力にどのような貢献をするかを知らずに偶然に，あるいは何らかの別の理由で構築していた可能性がある。あるいは，構想力のある経営者が直感的に導入したシステムが，事後実現予言的な環境変化をもたらし，結果として高い競争力をもたらした，という可能性（先取り的な能力構築が環境創造をもたらすケース）もある。…（中略）…日本企業の製品開発能力の歴史的形成過程を具体的にみるかぎり，そうした組織ルーチンの総体は，大きな戦略的意思決定やグランド・デザインのみによって一挙に形成されたわけではなく，むしろ1950年代ごろからじょじょに形成されてきたと考えるのが自然である」（264-265頁）という指摘や，「製品開発のルーチンの体系は，80年代における日本車の競争力に貢献したことからも，少なくとも事後的な競争合理性を持っていたことが確認できるが，新システムが最初に試行されたときには，当事者はその競争力の効果を事前には認識していなかったケースが多く見られる。むしろ，環境制約の中でやり繰りした結果として競争能力が構築され

るといった「怪我の功名」や，意図せざる知識移転が新しい組織能力をもたらしたケースなどがしばしば観察される」（293頁）という指摘も確認されている。

　第7章では，「「事後的な総合化（ex-post synthesis）」と呼べそうな特徴あるパターンが観察される。すなわち，さまざまな異なる理由で形成された構成要素が，事後的に新たな目的の下に総合化されたようにみえる。そうしたシステム構成要素の中には，元来は自律完結ラインの一部として意図されたわけではないが，事後的に再解釈されて新しいシステムの一部として機能するに至ったものもあるわけである」（341頁）と指摘しているのである。

　また，沼上［2000］では，経営戦略を実践する上では，当初立案した直接的な戦略が事前予測可能かつ合理的結果が必ずしももたらされるわけではないため，「必要があれば実践的意識と反省的意識との濃密なやり取りを重ねた上で，自社の行為ばかりでなく他社や顧客などの行為が生み出す〈意図せざる結果〉を意識的に取り組んだ戦略を構築する」（198頁）ことの重要性を指摘している。その上で，「プレーヤーたちの行為がもたらす〈意図せざる結果〉が，…（中略）…経営戦略の現象に見られる間接性の源泉であり，この〈意図せざる結果〉を意識的にとり込んだ戦略が間接経営戦略である，と位置づけることが可能だ」（195頁）として，意図せざる結果を前提にした間接経営戦略を実践することの有効性を強調している。沼上［2000］のこの主張の根拠は，「心理をもった人間が存在するかぎり，また人間に行為選択の自由度が存在するかぎり，間接性は必ずといってよいほど発生する」（207頁）ためである。

　さらに，水野［2015］では，中小企業がイノベーションを実現するプロセスにおいて，結果的に「怪我の功名」や「瓢箪から駒」「予期せぬ学び」を得た具体的な事例をいくつも取り上げている。

　これらの研究の前提，および，立ち位置としては，沼上［2000］も指摘しているように[13]，「限定合理的な組織」という捉え方，すなわち，限定合理的な組織観が根底にあると想定される。Simon［1997］は，人間の考えには

合理性の限界（限定された合理性）があるために，それを前提に意識的に合理的であろうとする意志が働く存在であることを指摘している。すなわち，人間は事前にはすべての結果や帰結を見通すことができない存在であるがゆえ，すべての帰結を予見して合理的に意思決定を行う「最適化意思決定」（桑田・田尾［2010］）をすることは不可能であり，合理性の限界に直面しながら「満足化意思決定」（桑田・田尾［2010］）をせざるを得ないのである。

　そして，組織もまた，すべての選択肢と可能性，その結果を予見できる「経済組織」という前提ではなく，「経営組織」という立場で行動しているという前提である。Levinthal & March［1993］においても，組織が行う学習には限界があり，事前に十分に見通したり，すべての結果を正確に予測したりすることが難しいことを指摘している。

　水野［2015］においてもこの立場を前提に議論を展開しており，「組織が直面する限定合理性の壁を越える組織のマネジメント」（50頁）では，組織内外の多様性を積極的に増やすことによって，組織の合理性のレベルを上げること，そして，組織が限定合理的であることを受け止めて，制約や直面した逆境を1つの機会として意識し，その不利な状況下においても打ち勝つ意思決定と企業行動こそが逆説的に結果的に競争力の源泉となる可能性を指摘した[14]。

　このような「限定合理的な組織観に基づいた事後的合理性」を前提にした立場は，戦略論においても，1つの学派として確立している。それが，ラーニング・スクール（学派）の1つとして位置づけられている「創発戦略」である（Mintzberg, Ahlstrand & Lampel［1998］）。したがって，次項では，この創発戦略がどのように取り上げられてきたのかを確認する。

(3)　創発戦略

　環境が複雑であるが故に，戦略をはじめから計画的かつ予定調和なものとして打ち出すことは不可能である。そのため，戦略は組織が適応あるいは学習し，それをもとにフィードバックするプロセスで修正を繰り返していくと

いう考え方に基づく戦略は「創発戦略」と呼ばれている（Mintzberg, Ahlstrand & Lampel［1998］）。創発戦略の1つの特徴は，組織の学習が強調されていることにある。そのため，創発戦略における組織のトップとしての役割は，あらかじめ緻密に練られて策定された戦略をありのままに実行することではなく，現場で行われる環境との相互関係を通して発生する組織的学習のプロセスをマネジメントすることにある（Mintzberg, Ahlstrand & Lampel［1998］；沼上［2009］）。

　したがって，創発戦略においては，現場のミドルが果たす役割が大きい。沼上［2009］においても「創発戦略を重視するということは，ミドルのイニシアティブを許すということである」（51頁）と言及されていることからも確認することができる。創発戦略においてミドルが重要な役割を担う主体として位置づけられる理由は，変化する環境や現場の情報を把握しているのはトップ・マネジメント層ではなく，現場に身を置いているミドルであり，それゆえ，ミドルこそが組織の環境適応をもたらす鍵となっていると考えられているためである。

　このような創発戦略の基本的論調は，"日本的経営"の考え方ときわめて同質的である。沼上他［2007］でも，「集団レベルで観察される濃密なミドルの相互作用を通じて，新しい製品や事業を創造していく創発戦略あるいは戦略創発組織こそが，それまでの日本企業の強みの本質であり，また，それ以降，さらに高めていくべき日本企業の本質的強みとして認識されていた」（5頁）と指摘されているほどである。この点については，Mintzberg, Ahlstrand & Lampel［1998］においても指摘されている。同書の表12-1において戦略の10の学派（スクール）の特徴がまとめられているが（邦訳，400-403頁），ラーニング・スクールの推進者として「実験，曖昧性，適応性を好む者，特に日本とスカンジナビア諸国」（邦訳，402頁）と明記されているのである。その上，Mintzberg, Ahlstrand & Lampel［1998］における創発戦略の事例にも日本企業が取り上げられている。それが，ホンダがアメリカのオートバイ市場に参入して成功するまでのプロセスである。

ミンツバーグ・アルストランド・ランペル［1999］の212から213頁の記述を要約すると，次のとおりである。（ボストン・コンサルティング・グループがこの事例を「注意深く考え抜かれた計画的戦略」として主張しているのに対して，それに異議を唱える形で）ホンダは，当初，アメリカのオートバイ市場には大型バイクを販売する目的で参入したものの，大型バイクの販売に失敗してしまったため，仕方なく（自分たちが仕事用に乗っていて人目を引き，業者から問い合わせがあった）小型のオートバイである50ccのスーパーカブを市場に投入した。そもそも，ホンダのマネジャーらは，すべてが大きく豪華なものが受け入れられるアメリカ市場において，小型のスーパーカブはまったく受け入れられないだろうと考えていた。しかし，大型バイクの販売に失敗してしまったため，選択の余地がなく，仕方なくアメリカのオートバイ市場に50ccのスーパーカブを投入したに過ぎなかった。しかし，結果的にホンダのスーパーカブが中産階級のアメリカ人を捉え始め，次第にホンダ製の大型バイクに乗り換えるようになることで，大成功を収めたのである。以上から，ホンダが参入したアメリカのオートバイ市場における戦略が，事後的に創発されたものであることが確認されているのである。

　こうして，沼上他［2007］の指摘にもあるように，日本企業が世界的に注目され，“勝ち組”であった時，その“勝利”の要因を創発戦略にこそあるという主張が，支持されていたのである。

⑷　日本企業の「組織の強さ」に関する研究のまとめ

　本節で確認してきたように，日本企業の「組織の強さ」とは，限定合理的な組織観に基づいた創発戦略を実践し続けた結果であったと解釈することができよう。本節を締めくくるにあたり，このような「組織の強さ」で主張されてきた，重要であると思われる点を確認する。

　第1に重要であると思われる点は，「組織の強さ」の程度を決定づけているのが，過去の体験や経験の積み重ねであるということである。すなわち，「組織の強さ」は経路依存的なのである。日本の組織研究において，組織の

経路依存性に着目している研究としては，伊丹・軽部［2004］や藤本［2004］，楠木［2010］，延岡［2011］などが挙げられる。このような指摘があるのも想像に難くない。なぜなら，そもそも"日本的経営"研究は，沼上［2009］が指摘しているように，資源の経路依存性に着目している資源ベースの戦略論の立脚点が，日本企業の経営と共鳴する部分が少なくないためである。現に，資源ベースの戦略論の視点から組織能力やダイナミック・ケイパビリティの議論を展開する研究においても，しばしば，組織の能力が経路依存的であることを指摘している（たとえば，Nelson & Winter［1982］；Prahalad & Hamel［1990］；Peteraf［1993］；Teece *et al.*［1997］；Eisenhardt & Martin［2000］など）。

「組織の強さ」の程度が経路依存的であることによって，楠木［2010］が指摘するように，異なる組織が，ベンチマークした企業とまったく同じ効果を引き出すためには，ベンチマークした企業の組織が出来上がってきた歴史をもう一度正確にたどる必要があり，これは困難というより不可能である。それゆえ，「組織の強さ」が他の組織にはない唯一無二の能力であり，組織の存立の意義が維持されるという論理が支持されることとなる。

第2に重要であると思われる点は，第1点目にも関連するが，「組織の強さ」の程度が経路依存的であるが故に，育成に時間を要するということである。この点に関しても，伊丹・軽部［2004］や藤本［2003］，楠木［2010］，延岡［2011］において指摘されている。特に，伊丹・軽部［2004］では，見えざる資産の特徴として「(1)カネを出しても容易には買えず，自分で作るしかない　(2)作るのには時間がかかる　(3)いったん作ると，多重利用が可能になる」(24-25頁)と主張しているように，この点もまた，「組織の強さ」が他の組織にはない唯一無二の能力であり，組織の存立の意義が維持されるという論理がより一層支持されることに寄与してきたといえよう。

第3に重要であると思われる点は，「組織の強さ」を高めるという議論が，組織の現場を中心にして展開されていくために，淺羽［2009］が指摘するように「創発戦略学派は，戦略が誰かの頭の中で事前に策定されるというより，

組織内の相互作用によって生み出されると考える。ゆえに良い戦略の創造を促進するような組織的仕組み，組織プロセスに着目しがちになる」（52頁）ことである。楠木［2009；2010］や藤本［2004］では，それをはっきりと体育会系の論理・戦略であると指摘している。より具体的には，楠木［2010］では「組織能力は体を鍛える現場発の戦略論」（137頁）と記述しているし，藤本［2004］では「変転きわまりない世界の中で，ひたすら問題発見と問題解決に徹し，何かが起こっても結局は組織進化にまで持っていく，二枚腰のしぶとく泥臭い組織学習能力」（99頁）であると表現しているのである。

　淺羽［2009］や楠木［2009；2010］，藤本［2004］の指摘のように，"日本的経営"研究においては，戦略策定の要素よりもむしろ，組織の能力を鍛える議論を多く確認することができるのである。しかし，沼上他［2007］が指摘しているように，資源ベースの戦略論に立脚したこのような創発戦略論の思考が，そして，"日本的経営"に見られる「組織の強さ」が「バブル経済崩壊後に日本企業のパフォーマンスが落ち込む中で反省のまなざしを向けられるようになってきた」（6頁）のである。

　すなわち，それまでの"日本的経営"は，そして，「組織の強さ」を強調する前提は，組織の機軸と戦略の機軸が，「組織の強さ」に引っ張られる形で結果としてうまく機能していたからに過ぎなかったとの解釈もできるのである。組織の機軸と戦略の機軸をうまくかみ合わせる必要があるという指摘は，実は，先にも指摘したようにチャンドラー［2004］の序文や同書に掲載されている米倉誠一郎の「解説」，そして，山岡［2015］でもなされてきている。山岡［2015］では，組織の車輪と戦略の車輪がうまく機能していない状況のことを「経営戦略と組織の構成要素との不整合」（323頁）と表現されている。

　そこで，次節では，"日本的経営"のその後において経営戦略と組織の構成要素とが不整合の状態なのかどうかを，三品［2004；2007］の「戦略不全」という視点をキーワードにして確認してみることとする。

3 "日本的経営" は「戦略不全」状態にあるのか？

(1) 戦略不全とは

　三品［2002；2004；2007］では，製造業において利益率が長期にわたって[15]低落傾向にあること，そして，収益性が低いにもかかわらず規模だけが大きいことを指摘している。同様の指摘は，野口［2005］においてもなされている。三品［2002；2004；2007］や野口［2005］に共通している点は，その原因が企業経営のトップにあると強調していることである。すなわち，経営者の意思決定，そして，経営者の立案する戦略が機能しておらず，この点に強い警笛を鳴らしているのである。三品［2004；2007］では，企業や事業の戦略が機能していないこのような状態のことを「戦略不全」と表現している。

　「なぜ企業や事業の戦略が機能していないのか？」という問題については，三品［2004］では，①所有と経営の分離（Berle & Means［1932］）によって「専門経営者」である上場企業経営者の任期が短いために，長期的視点に立った根の深い問題を解決するような戦略の立案を阻害していること，そして，②幹部職になっていくプロセスにおいて経営の機能（management）と管理の機能（administration）が混在しているために，また，当該人材が前者の意識を持たないまま経営者になるために，機能する戦略を立案することが困難となっていることを指摘している。

　管理機能と経営機能は分離しているため，これらの機能を分別する必要があるという指摘は，経営学説を遡ると，経営管理の父と呼ばれるアンリー・ファヨールが1908年に開かれた鉱業協会の50周年大会で行ったことに遡る（北野［1977］)[16]。ファヨールの力点は，主に管理機能[17]に注目した原則の説明に置かれているが，これらの機能を事業目的に向かって統合していくのが経営機能であると指摘している。したがって，三品［2004］は，日本企業に

おいては[18]，この経営機能を担う専門経営者の人材育成・養成をすることの重要性を説いている。

三品［2004］に続いて三品［2007］では，経営機能を担う経営者人材が未成熟のまま経営を担うことにより，事業領域の選択（三品［2007］の表現で表すと「事業立地」）や意思決定を誤り，それがさらなる戦略不全を招いたと強調している。そのため，「日本の製造業の上場企業は利益を犠牲にして規模の拡大を遂げてきたが，それに伴い規模を拡大する能力を徐々に失ってきた」（三品［2004］36頁）という結果を招いてしまったことを指摘しているのである。

この議論をボストン・コンサルティング・グループが提示した戦略論のフレームワークとして知られている「プロダクト・ポートフォリオ・マネジメント」（**図表1-2**）に基づいて解釈すると，「市場成長率が高いと思われる事業領域に多額の投資をし，花形製品の事業となるよう頑張ってきたが，戦略不全であったために，いつまでたってもシェア（利益）[19]を高めることができず，問題児の事業のままで，市場競争力が低下してしまいました」という解釈となるであろう。

また，加藤・軽部［2009］は，日本企業が直面する課題は有効な戦略が欠如していることであるとの前提で，（企業全体の方向性を示す全社戦略ではなく，企業の単一の事業の戦略である）事業戦略のレベルにおいても戦略不

図表1-2 プロダクト・ポートフォリオ・マネジメント（概念図）

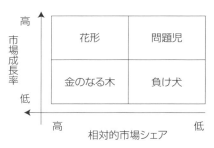

全の状態であることを指摘している。日本企業において，なぜ事業戦略レベルにおいてまで戦略不全の状況が発生しているのかについて，同論文では，「３つの可能性」を指摘している。それらは，①事業単位の組織において，経営戦略論の基本的な知見と対応するように組織が運営されていない可能性，②事業組織におけるそれまでの経験則をもとに蓄積されてきた慣性が事業活動の有効性を阻害している可能性，③自社の事業と密接に関連する他社や顧客との関係が事業戦略として十分に考慮・反映されていない可能性，である。同論文では，これらの３つの可能性に該当する場合に「戦略リテラシーがない」と暗に表している。

　その上で，戦略リテラシーを組織として育成し定着させるための提案を行っている。その提案とは，業務を通じたOJT（On-the-Job Training）を通じて「実践的な志向性を強く持ちながら，基本的な思考法を獲得していく過程」を経験することや，Off-JT（Off-the-Job Training）で基本的な思考の枠組みや知識を獲得することである。加藤・軽部［2009］の基本的主張は，戦略の機軸が機能していないために事業レベルにおいてまでも組織は戦略不全を引き起こしており，戦略の機軸を機能させるための，そして，戦略リテラシーを高めるための人材トレーニングが急務であることにあると確認された。

　日本企業の戦略不全を主張する三品［2004；2007］や加藤・軽部［2009］は，その根本的な原因に，経営機能を担う専門経営者が不在，あるいは，不足していることを指摘している。すなわち，組織の機軸と戦略の機軸に置き換えると，「（組織の機軸は良いのかどうかはわからないが）そもそも戦略の機軸が動いていない」という立場になる。

　しかし，"日本的経営"のその後の議論を確認すると，異なる立場で戦略不全を主張する研究も確認されている。それは，「組織の機軸そのものは良いものの，戦略の機軸が動いていない」「そもそも組織の軸がいつの間にか駄目になったために，戦略の機軸も動かなくなった」という立場で戦略不全を捉えている研究も確認される。

第1章 「組織の強さ」を考えるための架け橋　33

　そこで，次項以降において，「組織の機軸は良い・強いのかもしれないものの，そもそも戦略の機軸が動いていない」という立場（本節の(2)項）と，「そもそも組織の軸がいつの間にか駄目になったために，戦略の機軸も動かなくなった」という立場（本節の(3)項）に分類して，その後の"日本的経営"でいかなる議論が繰り広げられてきているのかを整理することとする。

(2) 「組織は良い・強いが，戦略が機能不全」という立場

　"日本的経営"において，日本企業における組織は依然として機能しているのにもかかわらず，そして，組織上の強みが蓄積されているにもかかわらず，戦略が機能していないという立場をとる研究として，延岡［2002］や網倉［2002］，藤本［2004］が挙げられる。

　延岡［2002］は，その論文の冒頭で「小論での筆者の立場は明確である。日本企業は，ものづくりや製品開発に代表される，複雑な組織マネジメントの秀逸さに根ざした強みは失っていない。しかし，それだけでは国際競争力の勝敗が決まらなくなっている。つまり，企業業績または価値創造を競うゲームのルールが変わったために，日本企業の強みが業績に結びついていないのである」（25頁）と指摘している。すなわち，同論文では，日本企業の組織の機軸は優れているにもかかわらず，もう片方の戦略の機軸が旧式のまま競争社会での実態に合致していないことを強調しているのである。この議論を進めるにあたって，同論文では，強い組織を構築し維持する能力を「業務執行能力」[20]であるとする一方，市場でのゲームのルール変更に応じて戦略を立案する能力を「戦略的意思決定能力」[21]あるいは「戦略能力」と定義している。その上で，戦略が機能しなくなった理由を，業績の決定要因が業務執行能力から戦略的意思決定能力（あるいは戦略能力）へと移り変わっているためであると解釈している。

　また，（業績の決定要因が変化したことにもつながる要因として）不確実性が低い環境下では，企業として専念すべき事業や技術が明確であるために，業務執行能力を発揮することが重要となるのに対して，不確実性が高い環境

下では，大きな組織の変革を伴う戦略的意思決定能力を発揮することが重要となることを指摘している。したがって，日本企業が競争力を失った理由は，市場環境や競争上のゲームが大きく変わっているにもかかわらずいつまでも業務執行能力に固執して，発揮すべき能力を転換することができなかったためであると主張しているのである。

　そして，同論文の調査結果から，日本企業の戦略的意思決定能力を高めるためには，２つのことが重要であると指摘している。それは，トップがトップとして相応しい資質を有していること（経営トップの個人的能力を現していることになる）と，取締役会において，形式的ではない議論が活発に交わされていること（したがって，取締役会の構造的な問題にあるのではないこと）である。以上から，延岡［2002］の基本的主張は，戦略の車軸が機能していない原因は経営トップの資質[22]と組織内部の意思決定機構にあるということが確認された。

　網倉［2002］では，強い組織が，強すぎるが故にダイナミック・シナジーを追求する過程で自走してしまい，マネジメントが困難な状況を招くという逆機能を発生する危険性を指摘するとともに，"日本的経営"がまさしくその状態に陥っていることを主張している。

　ただし，強い組織が自走するのに拍車をかけてしまった真因は，組織下部から上がってくるボトムアップ型の意思決定に過度に依存して，組織全体の戦略的意思決定が欠如していたためであることを強調している。すなわち，日本企業において，戦略的意思決定によって示されるべきはずの全社的戦略があらかじめ示されていない上で内部資源の自律的な動きを容認し続けてきてしまったことを指摘しているのである。

　そのため，同論文では，「組織の自律的ダイナミクスを前提とすると，「組織（資源）は戦略に従うが，戦略も組織に従う」，すなわち，組織（資源）と戦略は相互規定関係にあると考えられる」（48頁）と注視しているのである。以上から，網倉［2002］の基本的主張は，日本企業の組織の強さが逆機能を引き起こし，戦略の機軸が機能していないことに対して警笛を鳴らして

いることが確認された。

　藤本［2004］においても，「「強い工場・弱い本社」症候群」（65頁）と題して，日本の自動車メーカーがきわめて高いモノづくり能力や裏の競争力を発揮してきたにもかかわらず，それが表の競争力にストレートに反映されておらず，1990年代後半には企業競争力が低迷していたことを指摘している。この点について，同書では「戦後日本のもの造り企業は，現場のオペレーション能力は強いが全社的な戦略構想が弱かったのではないか」（65頁）との疑問を投げかけている。

　そして，「右肩上がりで日本経済が伸びているときは，オペレーションの強さだけで何とかなっていたのですが，90年代に入ると，まさに「戦略的な強さ」と「もの造りの強さ」が両輪として回っていないと，安定的な収益が出ない状況になってき」（65-66頁）たこと，また，「日本の企業はもっと戦略構想力を持たねばならない」（68頁）こと，さらには，「強い現場と強い本社を両立させよ」（68頁）と強調している。

　以上から，藤本［2004］の基本的主張として，延岡［2002］と同様に，組織は強いものの，戦略の機軸が機能していない状況を招いているため，日本企業は組織の機軸と戦略の機軸の両方がかみ合うように戦略の機軸を強化すべきであると提言していることが確認された。

　これらの研究ほど，組織の機軸が機能しているにもかかわらず戦略の機軸が機能しておらず戦略不全の状況を招いているというほどの強い主張ではないものの，これまでの日本企業は組織の機軸を重視しすぎて戦略の機軸を軽視してきたという主張を展開している研究も確認される。その研究として，楠木［2009；2010］が挙げられる。

　楠木［2009；2010］では，これまでの日本企業がポジショニングよりも能力に基盤を置いた組織能力に傾斜してきたことに触れながら，組織の車軸のみならず，戦略の車軸を時間的経過とともに組み立てて理解するための「戦略ストーリー」あるいは「戦略の長い話」を解釈することが重要であると指摘している。すなわち，戦略の機軸を機能させるための1つの処方として，

過去の戦略が機能した組織の戦略の論理をたどる必要性を強調していると理解することができるのである。

戦略の論理をたどる，すなわち，戦略をストーリーで理解するという戦略の論理化を実務家に対して薦める理由は，次の3点からである。それは，1）論理化がなければ，知見として利用可能な範囲が狭くなってしまうこと，2）戦略は法則ではないとともに，論理で説明しきれない部分もあるものの，論理で説明できる部分があるということを理解しておくことによって，逆説的に論理で説明しきれない部分を理解することができること，3）現象は日々，刻々と変化するものであるが，論理は簡単に変わるものではないこと，だからである。

(3) 「そもそも組織の機軸が機能しなくなった」という立場

一方，既存研究の中には，かつては組織の機軸が機能していたのかもしれないが，気がついたらいつの間にか組織の機軸が機能しなくなっていたという立場を示す研究も確認される。それが，三枝 [1991；1994] や沼上他 [2007]，軽部 [2017] である。

沼上他 [2007] が指摘するように，「そもそも組織の車軸が機能しなくなった」ことにいち早く気づき，警笛を鳴らしていたのが三枝 [1991] である。それは，三枝 [1994] の文庫版（三枝 [2003]）のあとがきにある記述からも実感することができる。「私が多くの日本企業で経営者的人材が枯渇し，組織の経営力すなわち「経営パワー」が低下していることに気づいたのは，80年代の中頃である。強い危機感を抱いた。…（中略）…私は世の中に不振事業を抱えて困っている日本企業が驚くほど増えていることに気づいた。その不振の多くが経営的人材の力量不足から生まれており，日本的経営がこの一角から大きく破綻し始めていると感じたのである。…（中略）…国際的に取り上げられていた日本的経営の表層的な華やかさとは対照的な，日本の経営現場でのお粗末極りない実体だった。…（中略）…日本人の経営的力量を上げなければ，日本が危ないと思った」（三枝 [2003] 499-500頁）と。ここ

で言う「経営的人材」とは，戦略立案のみならず，組織のマネジメント業務も含んだ企業経営に不可欠な業務全般を指していると理解することができる。

このように，三枝［1991；1994］は，戦略を立案する経営的人材が不在であることが，組織の経営現場の惨事を招いている[23]と指摘している。同書の基本的主張は，企業の経営する力が肝要であること，組織の経営現場を早急に再建する必要があること，そして，経営パワーを持つ潜在的リーダーを探し当てて育成することで，組織を復活させることの重要性を指摘しているところにある。

沼上他［2007］の第1章のタイトルを確認すると，「日本企業の組織問題　創発戦略・効率的組織運営を阻む組織の劣化」と記されている。このことからもわかるように，同書は，かつては日本企業の強みであると思われてきた強みが機能不全に陥っていること，そして，その機能不全の根本的な原因は，組織の構造や特性にこそにあると指摘している。かつては，ミドルの相互作用を通じて，新しい製品や事業を創出する戦略が機能していたにもかかわらず，2000年頃からの日本の経営学研究を振り返ると「日本企業の組織・人材に何らかの問題があり，それによって日本企業の強みと考えられてきた創発戦略とそれを支える組織的調整プロセスに問題が生じていることを示唆している」（同，8頁）ことに着目している。これらの本質を探るために，実証研究を通して明らかにしている。

そして，このような状態に該当する企業を「重たい組織」と名づけて，このような組織が復活するための処方を提示している。「なぜ，組織が重たくなるのか」という問いに対して，同書では，「計画・ルール・ヒエラルキーによってもたらされているのではなく，内向きになった弛んだ共同体によって引き起こされているのだと思われる」（209頁）という答えを導出している[24]。組織の慣性が，いわゆる組織のゆでガエル現象を引き起こしていたという解釈である。すなわち，「組織が強い」との外部からの評価や組織構成員のプライドが慢心を引き起こし，いつのまにか，組織の強さを失い，創発戦略が機能しなくなっていたという主張である。

軽部［2017］は，製品の価格低下や日本企業の収益性の低下，そして，労働生産性が低下しているデータを示した上で，企業の戦略立案の重要性に言及するとともに，日本企業が大きな経営課題に直面していることを指摘している。それとともに，価値を生み出す活動において，モノづくりの占める割合が低下しつつある状況においても「もの造り神話」が支持されたことについて，微に入り細を穿って配慮する微視的経営（マイクロ・マネジメント）に自走するあまり，直面する環境の変革を促す戦略を立案して実行する巨視的視点に基づく経営（マクロ・マネジメント）が欠けているためであると強く批判している。

したがって，日本企業はマクロ・マネジメントを重視する経営へと転換する必要性があるとともに，マクロ・マネジメントを担い「事業を創り，市場を創る」（p.268）ことのできる経営責任者を育成する必要があることを強調している。軽部［2017］も沼上他［2007］の基本的主張と同様に，「組織が強い」との外部からの評価に浸り，また，長期的に自己革新性を低下させる中核能力の罠や組織慣性が働いて，いつのまにか，組織の強さを失い，創発戦略が機能しなくなっていたということに警笛を鳴らし，同時に，全社戦略の機能不全も引き起こしていたことを問題視していることがわかる。

(4) 戦略不全に関する研究のまとめ

本節では，"日本的経営"が「戦略不全」（三品［2004；2007］）状態にあるのかどうかを既存研究から確認するために，三品［2004；2007］や加藤・軽部［2009］の「（組織の機輪は良いのかどうかはわからないが）そもそも戦略の機輪が動いていない」という立場から整理し直し，「組織の機軸そのものは良い・強いものの，戦略の機軸が動いていない」という立場と，「そもそも組織の機軸がいつの間にか駄目になったために，戦略の機輪も動かなくなった」という立場から，日本企業研究における組織と戦略について確認した。

本節で取り上げた既存研究において，いずれの立場においても，"日本的

経営"において戦略の機軸が機能していないという主張については共通している。その主張は，2つの見解に基づいている。

　1つ目の見解は，企業業績が低迷したのは，戦略そのものが機能不全を起こしているためであるという事実関係に基づいたものである。日本企業はかつて，結果的にではあったのかもしれないが，組織の機軸と戦略の機軸の両方を機能させる創発戦略が成果を出していた。それにもかかわらず，また，一部の実務家や研究者らが組織の機軸と戦略の機軸が機能不全を起こす深刻な状況になりつつあったことを指摘していたにもかかわらず，気がついたら機能不全を起こしていた。

　その大きな原因として，三枝 [1991；1994] や三品 [2004；2007]，網倉 [2002]，藤本 [2004]，沼上他 [2007]，加藤・軽部 [2009]，軽部 [2017] のいずれの研究も，日本企業の管理面（administration）ではなく経営面（management）の問題，すなわち，組織の経営トップの戦略的思考の欠如を問題視しているのである。その点では，経営リテラシー（三枝 [1991；1994]）や戦略リテラシー（沼上他 [2007]，軽部 [2017]）を持つ人材をいかにして育成するのかが求められることになるであろう。

　2つ目の見解は，"日本的経営"が通用しなくなったのは，競争環境や市場のルールが変化して全社戦略の重要性が増し，戦略の機軸を補強すべきだったにもかかわらず，日本企業は依然として組織の機軸に固執していたことである。この点を強調している研究として延岡 [2002]，藤本 [2004] が挙げられる。これらの研究からは，かつて機能していたといわれる創発戦略の再考が求められるであろう。

　それでは，組織の機軸と戦略の機軸をうまく機能させるためには，また，現場のミドルがイニシアティブをとって企業業績を達成する創発戦略を甦らせるためには，さらには，経営トップが巨視的視点に基づく経営（マクロ・マネジメント）をするためには，何が必要なのであろうか。

　この点を考察するために，次節では，組織の機軸と戦略の機軸を機能させるためのヒントを，いま一度探っていくこととする。

4 戦略と組織の両輪を機能させるために —本章のまとめ

　沼上他［2007］では，かつて日本企業の強みであると思われてきたものが機能不全に陥ってしまったこと，その根本的な原因は，組織が内向きになった弛んだ共同体に成り下がってしまったこと，それゆえ，かつてミドルの相互作用から発生していたプラスの効果を阻害してしまっていることを指摘している。しかし，その一方で，「創発戦略そのものが間違っているのではなく，それをうまく機能させることのできない組織構造・組織運営に問題が存在する」（211頁）ことを強調している[25]。

　創発戦略そのものが誤っているわけではないという指摘は同書のその他の記述からも確認される。たとえば，「組織内でミドルやロワー・マネジメントが縦横に主体的に活動することで創発戦略を生み出し，それを実行していくという日本企業本来の強さと意識的な組織設計を取り戻す」（210頁）必要があるという記述や，「創発戦略そのものは今後も企業を経営する上で重要な手法の1つとしてとどまり続けるであろうし，またミドルとロワーが連動しやすい組織を再構築しさえすれば，日本企業は再び創発戦略のもつポテンシャルをうまく活用できるようになるはずである」（210-211頁）という記述も確認される。

　それでは，なぜ，有効であったはずの創発戦略が機能しなくなったのか，組織のどこに問題があるのか，そして，ミドルやロワーの相互作用から発生していたプラスの効果が発揮されなくなるほど内向き，かつ，弛んだ共同体になってしまったのか。この疑問に対して，三枝［1991；1994］や三品［2004；2007］，沼上他［2007］，軽部［2017］などの既存研究では，経営トップの戦略的思考の不足や，経営的力量の減少，経営人材の不足，経営リテラシーの不足，戦略リテラシーの不足などの表現を使って強調している。

　しかし，その根本的な原因をより深く探っていくと，それは沼上他［2007］が指摘する組織構造や組織設計というよりも，そして，経営トップだけの問

題というよりも，むしろ，三品［2004］の指摘から示唆されるように，幹部職になっていくプロセスにあると考えることができる。それは，経営の機能（management）の意識を持った人材を経営幹部として登用せず，管理の機能（administration）を持っている人材が多く登用されるような人事が発令されている傾向があり，まさしくここに大きな原因が隠れているように思われるからである。すなわち，管理機能だけを果たすのに優れただけで経営者的人材とならぬまま，「経営パワー」も持つことなく役職だけが上がっていき，経営幹部となっていく人材が多いというところに問題の本質があるという指摘ができるのである。

　なぜなら，筆者は，2014年から2017年7月にかけて計21回[26]，大手企業の取締役や部課長らが集まるある企業が主催するイノベーションおよびオープン・イノベーションを推進する研究会に参加させてもらっているが，この場において，経営の機能を果たさず，ミドルおよびロワーが内向きになる弛んだ共同体になってしまう現象を結果的に引き起こすことになるであろうと思われる経営幹部，および，それらの経営幹部に抑圧された部課長レベルの人材の発言を多数，耳にしているからである。より具体的には，次のような発言を確認することができる。

＊　　　　　＊　　　　　＊

　「社の方針としてオープン・イノベーションを進めることになって，部下にテーマ出しをさせたが，出してくるテーマが"しょばい"ものばかりだから，結局進められない」（大手電機メーカーのCTO[27]の発言）
　「（オープン・イノベーションの取り組みをしないといけないとは）わかっているけれど，なかなかできない」（大手家電メーカーの取締役）
　「大企業であればあるほどイノベーションの取り組みを継続させることは難しい」（外資系大手食品メーカーの戦略部門のシニア・副社長）
　「一度失敗すると，会社は二の足を踏んでしまってやらせてもらえない」（大手家電メーカーの部長）

「総論OKなのに，各論になるとNGになる。いざ，アイディアを出してやらせてほしいと上申しても"そんなしょぼいもの"といわれて戻されてしまう」（大手電機メーカーの技術部門の室長）

「プランを持っていっても「そのアイディアを事業化しても市場，100億（円），あるの？」と言われて，結局やらせてもらえない」（大手家電メーカーの部長）

「既存事業が大きすぎて，まず，「市場が50億円あるのか？」で潰される」（大手電機メーカーのグループ・マネジャー）

「プロジェクトを潰されないように，国プロ[28]に参加するなどして，正当性を確保するようにしている」（大手電機メーカーの部長）

「日本の場合には，一度失敗すると「もうやめろ！」と言われてしまう」（大手メーカーの技術部門の本部長）

＊　　　　　＊　　　　　＊

このような発言を多数確認することができるのである。

これらの発言は，「総論OKなのに，各論になるとNGになる」という発言からもうかがえるように，全社戦略をせっかく打ち出したとしても，その企業の方針を具現化する過程で，組織下部から上がってきたアイディアやプランを潰してしまっている現状が数多く発生していることを示唆している。このような状況に直面すると，組織のミドルやロワーの人材が積極的に活動して相互作用を引き起こそうとするインセンティブは急速に低下していくことが容易に想像される[29]。

また，ミドルやロワーが提案したアイディアやプランがプロジェクト化され，当人がプロジェクト責任者としてプロジェクトを動かしていくなかで培われるであろう経営機能を担う機会をも奪ってしまうことになる。その上，このような状況がより深刻である理由は，行動してみないから相互作用が引き起こされず，意図せざる結果を生んだり，事後的進化能力が構築されたりするわけがないという状況も同時に誘発するためである。その結果，創発戦

略が機能しなくなってしまったという結論を導き出してしまうことになる。こうして，創発戦略を阻害し，「事業を創り，市場を創る」（軽部［2017］268頁）ことができなくなってしまったという論理が成り立ってしまうのである。

　その一方で，傍証ではあるものの，同じ研究会に参加する企業の中でも，イノベーションやオープン・イノベーションの取り組みで一定の成果を収めている企業経営者や技術のトップ，取締役らの発言を整理すると，創発戦略が機能しなくなった組織の構図とは逆の構図を確認することができる。ミドルやロワーの人材に場と機会を与え，相互作用を引き起こさせて，長期的な意図せざる結果を引き起こすと同時に，事後的進化能力も発揮させている状況を確認することができる。

　そのような組織の状況を表す発言には，次のようなことが挙げられる。

＊　　　　　＊　　　　　＊

　「下から上がってきたテーマに対してNOとは言わないですよ。ウチは，"いい加減にゆるーい"（適度にゆるい）のです」（大手食品メーカーの常務執行役員兼研究所所長）

　「どうせ失敗するだろうとは思ったりするのだけれど，失敗してみないとわからないからやらせてみる」（JASDAQ上場企業代表取締役社長）

　「"技術者の砂場のマネジメント"[30]が重要で，20年から30年先のテーマを取り組むためには自由に研究をさせることが大事。ただし，たまに水をかけて刺激を与えるようにはしている」「チャレンジしないほうが駄目。失敗したら，それを共有する」（大手素材メーカーの常務取締役兼CTO）

　「最初に（事業の）井戸を掘る研究者は失敗しても減点しない。研究は失敗の繰り返し。そこで減点してしまうと，チャレンジしなくなるし，小さなテーマにしか取り組まなくなる」「長くやって失敗したものたくさんある。研究は失敗の連続。しかし，失敗を恐れたら何もできない。ただし，やはり目先の利益を稼ぐということも大事なので，この大きな事業を継続し，最終

的なゴールに到達させるために，（最終目的の製品ではなく，比較的容易に上市できそうなものを）製品化したのも事実」（大手素材メーカーの副社長兼CTO）

＊　　　　　　＊　　　　　　＊

　このように，組織が技術者の"失敗"を容認して，ミドルやロワーに相互作用させるチャンスを積極的に与えているという発言を多数確認することができるのである。すなわち，イノベーションやオープン・イノベーションの取り組みで一定の成果を収めている企業に共通するのは，経営幹部らの意識に，「失敗を恐れることなく部下にチャレンジさせ，その失敗から学びを得させ，次につなげて意図せざる結果に結びつけていくことが企業の長期的繁栄にとって不可欠である」という覚悟と姿勢を持っていることがわかる。これらの点から，創発戦略を機能させるためには，また，強い組織が戦略を機能させるためには，経営トップのみならず，取締役を含めた経営幹部の覚悟と姿勢がいかに重要であるのかを確認することができるのである。

　以上の点から推測されるのは，創発戦略が機能しなくなった直接の原因が三品［2004；2007］の主張する経営トップの戦略不全にあるというよりも，むしろ，立案した戦略を実行するプロセスで経営幹部らが組織の下部から上がってきた戦術を実行するかどうか決定できないでいるために結果として組織が戦略不全の状況に陥ったのではないかということである。したがって，戦略の機軸と組織の機軸を機能させるためには，そして，創発戦略を機能させるためには，経営トップのみならず取締役を含めた経営幹部が，経営の機能（management）の意識を強く持ち，部下にはチャレンジさせてみる，また，組織の失敗や経験の中から意図せざる結果や事後的進化能力に結びつけるという強い意志や姿勢がきわめて重要なのだということが示唆されるのである。

　日本企業が再び創発戦略を実践して創発戦略から発生する本来の効果を得るためには，そして，組織の機軸と戦略の機軸の両輪を機能させるためには，①経営トップのみならず経営幹部にいたるまで経営的人材としての意識を持

ち，ミドルやロワーの人材に対して相互作用を引き起こす場を提供し，意図せざる結果を生む，また，事後的進化能力が構築できる組織にすること，②そのような場を提供するプロセスで，ミドルやロワーに対して経営の機能の重要性と自らの果たすべき役割を認識させ，プロジェクト・リーダーなどの機会を通じて経営人材としての力量を意識的に磨いてもらうよう意識づけをさせること，が求められているといえよう。

　本章の論理の流れをまとめると，次のとおりである。資源ベースの戦略論に起源をおいているといっても過言ではない"日本的経営"は，戦略の学派においては，創発戦略として位置づけられている。この戦略論は，組織および組織の資源が先行した「組織ありき」の戦略論であり，その特徴として，組織が強いために唯一無二の能力で組織の存在意義が強く支持されること，そして，直面した制約や経験は，限定合理的な組織観に基づく事後的合理性によって事後的に意図せざる結果を誘発して，結果的に組織の強さへと結びついていくことが自明のこととなっている。そのため，この"日本的経営"を代表する戦略論のキーワードとして，学習や相互作用，経路依存性，ミドルのイニシアティブ，意図せざる結果，事後的進化能力などが挙げられる。

　しかし，2000年代頃から，創発戦略が機能しなくなる現象を指摘する研究が顕著として確認されるようになり，かつての"日本的経営"に疑問が投げかけられるようになった。それが戦略不全の議論である。この戦略不全の議論には大きく3つの立場が存在している。それは，（組織の議論は別にして）戦略が不全であるという立場と，組織は強いにもかかわらず戦略が不全であるという立場，強かった組織が機能不全に陥り結果として戦略も不全状態に陥ったという立場である。

　いずれの立場であるとしても，日本企業が戦略不全状態にあることを指摘していることには間違いない。また，"日本的経営"において戦略不全を引き起こした背景として，組織に経営リテラシーや戦略リテラシーを持った経営トップになっていないという主張や，環境が変化しているにもかかわらず

日本企業のトップがいつまでも組織の強さにしがみついて戦略的意思決定ができなかった結果，環境への不適合をもたらしてしまったと強調する主張が確認された。しかし，本章では，組織のトップが戦略的な意思決定をすることができなかったというよりも，むしろ，経営の機能を果たす経営幹部が少ない，あるいは，不在である可能性を指摘した。

　すなわち，企業の全社的な方針が決まったにもかかわらず，それを具現化する過程で経営幹部が実行する意思決定ができないでいるために，ミドルやロワーのモチベーションを低下させ，それに伴いミドルやロワーの人材が相互作用する機会も減ってしまった結果，それまで発生していたミドルやロワーを中心として発生していた組織の意図せざる結果や組織の事後的進化が見られなくなるとともに，ミドルやロワーが経営機能を担う機会そのものが減ってしまうという事態を誘発してしまった。その結果，創発戦略は機能しなくなってしまったというストーリーである。その流れを示したものが**図表1-3**である。

　この構図が正しいとすれば，依然としてミドルやロワーが経営人材として育成されていない日本企業が少なくないということを示唆している。そのため，この構図のままでは，"日本的経営"における創発戦略は今後もしばらく機能不全の状態が継続されることを表しているといえよう。つまり，日本企業における"mottainai"状態は，今後もしばらく続きかねない危機に直面していることを意味しているのである。ミドルやロワーの人材が積極的に活動して相互作用を引き起こす機会を提供し，活動させてみるプロセスで意図せざる結果を誘発して事後的進化能力を構築させ，"日本的経営"の良さであった資源ベースの戦略論に基づいて保有資源をフルに活用して「事業を創り，市場を創る」（軽部［2017］268頁）循環を活性化させるためには，そして，"日本的経営"の再建および創発戦略の再活性化の鍵は，経営幹部の覚悟と意識改革にこそあると思われるのである。

　それでは，意図せざる結果を誘発して事後的進化能力を構築させ，"日本的経営"の良さであった資源ベースの戦略論に基づいて保有資源を十全に活

図表1-3　第1章の論理展開のまとめ

資源ベースの戦略論（第1節）

```
"日本的経営"（創発戦略）（第2節）
● 組織・資源ありきの戦略論
  ・ 組織の強さ
  ・ 限定合理的な組織観に基づく事後的合理性
● キーワード
  ・ 学習，相互作用，経路依存性，ミドルのイニシアティ
    ブ，意図せざる結果，事後的進化能力
```

```
"日本的経営"は戦略不全状態　（第3節）
（戦略が不全／組織は強いが戦略が不全／組織が機能不全
となり，戦略も不全となった）
● 背景
  ・ 組織に経営人材がいない
  ・ 環境の変化への不適合
```

```
本章の結論　（第4節）
● "日本的経営"が機能しなくなった真因は，戦略立案が
  できない経営トップではなく，戦略不全でもなく，経営
  機能を担う経営幹部の不在状態にあったのではないだろ
  うか
  ・ 全社戦略をうけてミドル・ロワーが提示した企画を経
    営幹部が拒否→ミドル・ロワーのモチベーション低下
    →相互作用する機会が減少→発生した効果：1）意図
    せざる結果・事後的進化の機会も減少，2）ミドル・
    ロワーの経営機能を担う機会も減少→創発戦略の機能
    不全
```

用して「事業を創り，市場を創る」（軽部［2017］268頁）循環を活性化させるためには，すなわち，「日本企業は再び創発戦略のもつポテンシャルをうまく活用」（沼上他［2007］210頁）するためには，どのような視点で事業を模索すべきなのか。次章では，この点についての戦略および戦略のフレームワークを考える。

■注

1　特に，自社資源のうち，最も価値のある専門化したサービスを可能な限り有効に使おうという誘因が業務規模への拡大の方向に進むことに拍車がかかるという（ペンローズ［2004］114-116頁）。

2　リーダーおよび組織のトップの能力や責任については，Verona［1999］のほかにも，ペンローズ［2004］や三品［2004；2007］，チャンドラー［2008］においても指摘されている。この点についての詳細は，本章第3節の(1)項を参照されたい。

3　組織能力については，補章で改めて説明する。

4　この点に関して，日本でどのような研究が蓄積されてきたのかについては，次節以降で取り上げる。

5　日本的研究で取り上げられる組織の強さ，および，組織能力が経路依存的であるという指摘については，本章第2節の(4)項で補足する。

6　同論文は，Pettigrew［1992］において，戦略と技術に関するダイナミックな相互作用をテーマとした重要な論文で学術的貢献がなされていると高く評価されている。

7　戦略と技術のこの関係は，Penrose［1959］やChandler［1962］が研究の起源となっている。「組織は戦略に従う」（Chandler［1962］）ならぬ「技術は戦略に従う」という関係を表しているという（Itami & Numagami［1992］）。

8　戦略と技術のこの関係は，より正確には，現在の技術によって認知的な「将来の戦略構想」を誘発するという関係である（したがって，本文中に記したように，英語表記が"cognition of future strategy"と表されている。その根底には，技術は表出された人工的技術のみならず，暗黙的な知識の束でもあるため，それ自体が，強い認知的影響力を誘発する機能があるということが前提となっている。戦略と技術のこの関係の研究の起源となっているのは，Deal & Kennedy［1982］とDosi［1982］である。それは，Deal & Kennedy［1982］が技術が企業文化の決定に大きな影響を与えているという主張をしていること，そして，Dosi［1982］が技術を組織の成長の軌道をもたらすパラダイムであるという主張をしているためである。

9　ただし，Penrose［1959］は，企業の成長の理論を説明するために，企業の未利用の資源をいかにして組織化し，企業の経済的機能を高めて利益を上げるのかという議論に焦点が当てられている。

10　ここでいう"日本的経営"とは，Abegglen［1958］の主張する日本の高い経済成長を支えてきた日本的経営（終身雇用・年功序列賃金・企業別組合）の特徴を指しているのではなく，後述するように，資源ベースの戦略論に基づく日本独特であるとされる組織の強さを強調する経営のことを指している。

11　オーバーエクステンション戦略とは，伊丹［2012］では，次のように説明されている。「「カニは己の甲羅に似せて穴を掘る」ということわざがある。おのれの分限，能力に応じたことをやれ，という意味であろう。これを経営戦略に即して言えば，企業のもつ資源や能力に合わせた戦略をとれ，ということになろう。しごく当たり前で，議論の余地がない考え方のように聞こえる。しかし，戦略の不均衡ダイナミ

ズムを考えると，このことわざは「時々は」誤りである。成長の踊り場，あるいは切所に来た企業にとって，カニの甲羅理論の通りの行動はかえって長期的発展にとって望ましくないことがある。…（中略）…成長しなくなったカニにとっては，おのれの甲羅に合わせた穴が一番快適だろう。しかし，成長したいカニにとっては，あまりに自分の体にピッタリした穴は自分の成長に枠をはめてしまい，かえって成長を邪魔する要因になりかねない。逆に，穴のほうが自分の甲羅より大きければ，その穴にあうように成長しようとするバネがうまれようというものである。企業の場合，穴に当たるのが戦略，甲羅が組織の能力つまり見えざる資産である」（333-334頁）。

12　ここでいう「インプット」とは，従業員数のことを表している。

13　沼上［2000］では，厳密には，組織の限定合理性というよりも，人間の限定合理性について言及している。しかし，沼上［2000］においては，人間の限定合理性への注意のみならず，現実の人間どうしの間においてもそれぞれの限定合理性に差があることを指摘している。

14　ただし，沼上［2009］がAroson［1973］やFestinger［1957］を引用しながら指摘しているように，失敗や挫折を過剰に正当化し，学習内容をゆがめてしまう可能性がないわけではないため，注意が必要である（329頁）。

15　より具体的には，1960年から2000年にかけての上場企業のデータ分析から導出されている。

16　この講演内容と主張が，後に『産業ならびに一般の管理』として1916年に協会の会報に掲載され，単行本として出版されるに至ったという（北野［1977］19頁）。

17　ファヨールは，管理機能として6つ提示している。それらは，①技術活動（生産，製造，加工），②商業活動（購買，販売，交換），③財務活動（資本の調達と運用），④保全活動（財産と人員の保護），⑤会計活動（在庫調査，貸借対照表，原価計算，統計等々），⑥管理活動（予測，組織，命令，整合，および統制）である（北野［1977］20頁）。

18　より正確には，「日本における上場企業においては」という主語になるであろう。

19　この戦略フレームワークの前提として，相対的市場シェアが高まることは，それとともに利益も計上することを表しているが，ここでポイントとなるのは，シェアを伸ばしても，利益には結びついていなかったということである。それを表すために，本文中ではあえて「（利益）」と表記することとした。

20　同論文では，業務執行能力を「決められた企業戦略の大きな枠組みに沿って，製品開発や製造，営業などの業務をうまく効率的に実施する能力である」（26頁）と定義している。そして，この業務執行能力を質問票に落とし込む際には「コスト競争力が高い」「販売力が高い」「工場での生産効率や品質が高い」「新商品開発の能力が高い」という項目として設定している。

21　同論文中では，戦略的意思決定能力を「企業を構成する事業のドメインのあり方や価値創造のシナリオに関して意思決定をする組織能力である」（26頁）と定義している。そして，この戦略的意思決定能力を質問票に落とし込む際には「会社全体

の大きな戦略的意思決定が迅速に行える」「後追いではなく，自社として独自の先進的な戦略を打ち出せる」「多少リスクはあっても，大胆な戦略を打ち出せる」「必要があれば，既存事業から撤退する意思決定を迅速にできる」「大きな投資が必要であっても，新規事業への参入の意思決定を迅速にできる」という項目として設定されている。また，戦略的意思決定能力を考える上で同論文に特徴的な点は，戦略的意思決定能力を，意思決定を行う経営者個人そのものの能力と捉えているのではなく，当該組織の組織能力の1つとして位置づけている点である。戦略的意思決定の機能が組織能力であるかどうかの議論については，本文の主旨とは異なるため，ここではあえて議論を行わないことにする。

22　企業戦略の立案と遂行において，経営陣やリーダーの能力や素質が重要であると指摘したその他の研究として，三品［2002；2004；2007］やVerona［1999］，Penrose［1959］，Chandler［1962］が挙げられる。

23　三枝［1991；1994］は，一見，戦略不全だけの議論を展開しているように解釈することもできなくないが，同書は，そもそも「組織は良い」という見解ではなく，（経営リテラシーを持った人材が不在であるために）組織（経営現場）が疲弊し，組織の経営力が低下した結果，不振事業となっていることを強調しているため，本書では，組織的問題として分類している。ただし，三枝［1991；1994］では，その疲弊した組織を牽引するためには，経営リーダーが不可欠であると主張していることは間違いない。同書では，閉塞している経営現場を救うのは，埋もれている気骨の人材を捜し当て，「表舞台に引き上げる」（文庫版，500頁）ことが疲弊した状況を打開する鍵であると強調している。

24　そのため，同書の基本的主張として，「機能的組織の比重を少し高めながら，機械的組織と有機的組織のバランスを達成することが重要」（209頁）であるとしている。

25　だからこそ，同書では，機械的組織と有機的組織のバランスをとる必要があるという指摘がなされていると言えよう。

26　通常は，ゲスト・スピーカーを招いた招待講演が行われ，その後，5〜6人から構成されるテーブルで主に招待講演のテーマに基づいたディスカッションを行い，最後にそれぞれのテーブルで話し合われたことを発表し合う形式で進められる。また，そのうち1回は，1泊2日の合宿形式で行われた。

27　CTOとはChief Technological Officerの略である。企業の技術部門の最終責任者と名づけられることが多い。日本語では，最高技術責任者と訳されることが多い。

28　国プロとは，具体的には，政府や自治体，財団法人などが募集する補助金のことを指している。

29　このような状況下では，藤本［2003］がトヨタの事例で指摘している「組織の成員が日ごろからパフォーマンス向上を指向する持続的な意識を保ち，何事か新しいことが起こった時，「これは我々の競争力の向上に役に立たないだろうか」と考えてみる思考習慣を，従業員の多くが共有していること」（198頁）という意識が働くわけがないのは当然のことであろう。

30 技術者の砂場のマネジメントとは，日本能率協会が名づけた技術者に自由にのびのびと研究を進めてもらう考え方を表現した言葉である。技術者の砂場のマネジメントにおいては，「自由に遊ばせることが基本，最低限のルールで」「必要な道具（予算や出張旅費）を与えてあげる」「隣で何をして遊んでいるのかが見える」「誰が入ってきてもOK」「皆が砂場に入りたくなるようにする」「管理は不要」「温かい目で見守る」「だらだらしないようにたまに水をかけてあげる（月1回CTOを含めたミーティングを開催する）」ことが重要であるという。

補　章

資源ベースの戦略論から派生した概念

　この補章は，既存研究の補論として位置づけている。ここでは，資源ベースの戦略論に適合した新たな概念として位置づけることができる「組織能力（ケイパビリティ／コンピテンシー）」「ダイナミック・ケイパビリティ」「レジリエンス」を整理して，資源ベースの戦略論において理論的にどのような展開がなされてきたのかを確認する。

1 ｜ 組織能力・ケイパビリティ・コンピテンシー

　資源ベースの戦略論では，「競争優位の源泉は企業内部の経営資源にある」と主張しているものの，単に潜在的価値が高い資源があるというだけでは市場での競争優位を確立することは難しい。高い能力を評価して，高い年俸で雇った11人のサッカー選手から編成されるチームがあったとしても，それだけで勝ち続けることができるわけではないことと同様である。

　この点を鑑みると，資源ベースの戦略論は，1つの暗黙的な前提があることがわかる。それは，組織の内部資源の活用やその組み合わせを効果的に行い，高い優位性に結びつけているということである。そのためには，潜在的価値が高い資源を競争優位性に結びつける組織的プロセス，および，それをマネジメントする組織そのものの能力が不可欠となる。このような能力は，組織能力やケイパビリティ，コンピテンシーと呼ばれている。Collis［1994］や藤本［2003］，楠木［2010］では，組織能力という単語を使っているのに

対して，Henderson & Cockburn［1994］では，コンピテンシーという単語を使用している。しかし，いずれの研究においても，それぞれの研究の単語が意図していることは同じである。

　藤本［2003］では，組織能力を，①ある経済主体が持つ経営資源・知識・組織ルーチンなどの体系であり，②その企業独特のものであり，③他社がそう簡単に真似できない（優位性が長持ちする）ものであり，④結果としてその組織の競争力・生存力を高めるものと定義している。また，楠木［2010］では，競争に勝つための組織の独自の強みであると定義している。

　一方，Collis［1994］では，組織能力に関する既存研究をもとに，組織能力の定義が研究によってまちまちであるとして，3つのタイプに分別している。それらは，企業のルーチンを構成するような基礎的な機能を果たす組織能力と，学習や適応，変化，再生を促すことができるダイナミックなルーチンをつくり出すことのできる組織能力，そして，より抽象的ではあるもののダイナミックなルーチンをつくり出す以上の本質的な価値を創出し，斬新な戦略を策定し，遂行することができる組織能力である。

　さらに，コンピテンシーという単語を使いながらも，Henderson & Cockburn［1994］では，製薬業界の開発や生産性に関する定量的調査および定性的調査を通して，組織能力を，問題解決に必要な知識や能力である構成分子能力（component competence）と，構成分子能力を利用したり統合したり新たな構成分子能力を生み出す能力である構築能力（architectural competence）に分別した。そして，この2つの能力が企業の生産性を高めるのに必要であると結論づけている。

　なお，Prahalad & Hamel［1990］が主張する「コア・コンピタンス」を組織能力と同等の概念のひとつであると位置づけている研究（福澤［2013］）もあるものの，筆者はコア・コンピタンスを組織能力よりも狭義の概念として理解している。すなわち，コア・コンピタンスは企業の組織能力に包含される1つの中核的能力であると考えており，組織能力の構成要素の1つと判断しているためである。その点からは，筆者は，Collis［1994］の立場と同

補　章　資源ベースの戦略論から派生した概念　　55

様で，組織能力には段階およびレベルがあると考えている。

2 | ダイナミック・ケイパビリティ

　1990年代以降になると，資源ベースの戦略論に依拠しながらも，組織が大きな環境の変化を乗り越えて競争優位を確立して維持する能力を「ダイナミック・ケイパビリティ」と呼ぶ研究が確認されるようになる（福澤［2013］）。Eisenhardt & Martin［2000］においても，研究の目的の中で，「ダイナミック・ケイパビリティの本質を解明することは内部組織論の研究を深化させることを意味する」と明示的に記述されている。

　Teece, Pisano & Shuen［1997］やTeece［2007；2009］は，ダイナミック・ケイパビリティを急速に変化する環境に対応するために組織が意図的に内部および外部の資源を創造・拡大・修正する能力であると定義している。ここのダイナミック・ケイパビリティの定義上，重要なポイントは，ダイナミック・ケイパビリティが，内部資源のみならず外部資源をマネジメントすることも含めた能力であると言及しているところである。したがって，Teece［2007］では，組織は組織内部の資源のみならず，必要とあれば組織外部の資産や知識などを巻き込んで再構成したり再配置したりする「オーケストレーション」能力に優れている必要があると強調されている。

　一方で，ダイナミック・ケイパビリティに関しては，1990年代頃から組織能力の議論とが混乱されてきていると指摘されてきた（坂本［2009］；福澤［2013］）。また，福澤［2013］は「（藤本［1997］やBurgelman［2002a；2002b］の）実証研究はダイナミック・ケイパビリティの登場やその後の発展と時期を同じくしており，取り扱うテーマも「能力構築能力」（藤本［1997］）や「戦略形成プロセス」（Bergelman［2002a；2002b］）というように一見するとダイナミック・ケイパビリティ論と親和性の高いものであるにもかかわらず，お互いにほとんど参照しないということがおきている」（67頁）と疑問を投げかけている。

図表補-1 組織能力とダイナミック・ケイパビリティの論理構造

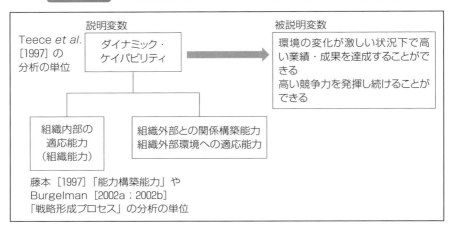

　しかし，組織能力とダイナミック・ケイパビリティのそれぞれの定義を分析の単位（unit of analysis）に着目して比較すると，この疑問に簡単に答えることができる。それは，組織能力の分析の単位が組織そのもの（組織内部）の能力としているのに対して，ダイナミック・ケイパビリティの分析の単位は組織内部と組織外部の両方のマネジメント能力を含んでいることである。その論理構造を示したものが**図表補-1**である。すなわち，藤本［1997］やBurgelman［2002a；2002b］の研究と，Teece, Pisano & Shuen［1997］やTeece［2007；2009］の研究とは，そもそも研究の対象とする分析の単位が異なっているために「お互いにほとんど参照しないことがおきている」（福澤［2013］）状態であっても，論理の上ではなんら「おかしいこと」ではないことになる。

3　レジリエンス（Resilience）[1]

　直接的に組織の資源ベースの戦略論から派生した概念ではないものの，ダ

イナミック・ケイパビリティと同様に，激変する組織の外部環境の下での組織の存続を捉えた概念として，「レジリエンス」が挙げられる。

(1) レジリエンス研究の系譜

レジリエンスに関する研究は，Tredgold［1818a；1818b］の物理学研究に遡ることができる[2]。その後，Thurston［1874］で確認されるように，工学領域にレジリエンス研究が拡大している。これらの研究領域においては，物質・素材[3]の弾性や強度をレジリエンスと捉えている。

1940年代以降になると，レジリエンスは心理学[4]や教育学に援用されるようになっていく（Audric［1948］；Murphy［1951］；Clarke & Clarke［1958］；Hunter［1963］）。1960年代になると，生物や食物連鎖などの生態系の循環をレジリエンスと捉えた研究が確認されるようになる（Boccardy & Cooper［1961］）。

1970年代になると，生態学においてレジリエンスの概念が幅広く用いられるようになる。そのきっかけとなった研究がHolling［1973］である。同学問領域では，2000年ごろになると，社会生態学研究（Social-ecological system，通称SES）へと展開されていく。

2000年代半ばになると，レジリエンスはサイバーセキュリティを含むコンピューター・サイエンスの領域で確認されるようになる。2006年欧州連合の枠組みで「欧州重要インフラ防護プログラム」（通称，EPCIP）が発足したことを受けて，欧州ネットワーク情報セキュリティ庁（通称，ENISA）が2009年に「レジリエンスのための欧州官民連携」（通称，EP 3 R）を設立した（内閣官房内閣サイバーセキュリティセンター［2015］）。それに続いて，アメリカ合衆国前オバマ大統領が2013年 2 月12日の一般教書演説において「米国の重要インフラのセキュリティとレジリエンスを高め，安全，セキュリティ，企業機密，プライバシー，および市民の自由を守ると同時に効率性，イノベーション，および経済繁栄を促進するサイバー環境を維持するための我が国のポリシーである」（米国国立標準技術研究所［2014］）と規定された

大統領令に署名したことに言及した。以降,「セキュリティレジリエンス」
という単語がコンピューター・サイエンスの領域において急速に定着した。

　以上から,物理学研究に端を発するレジリエンス研究が,本来の定義と文脈を超えて,工学領域,生物学・医学領域,生態学領域,認知科学領域,社会科学領域,サイバーセキュリティの領域にまで幅広く確認することができる。

(2)　社会科学領域におけるレジリエンス研究

　一方で,社会科学の領域において,レジリエンスは,(災害からの)復興力や(組織の)再起力,(個人の)ストレス耐性と表記されることが多い。

　災害からの復興力という文脈では,国連国際防災戦略事務局(通称,UNISDR)において,アジェンダである"The Hyogo Framework for Action 2005-2015：Building for Disaster Reduction"の中で用いられている。阪神淡路大震災で起きたような自然災害による災禍に耐えうる地域社会づくり,そして,都市リスクを防災によって軽減し地域の再生力を高めるという文脈でレジリエンスが用いられているのである。

　また,OECDにおいて,レジリエンスが取り上げられたのは,Mitchell［2013］においてである。2008年のいわゆるリーマンショックに端を発した金融危機や突如として発生する自然災害にいかにして対応するのか,そして,どうやってそのようなエコ・システムをマネジメントするのかという視点で記述されている。Mitchell［2013］の問題認識をもとに,2014年にはOECDは"Guideline for Resilience Systems Analysis"を示している。このガイドラインにおいて,レジリエンスを「家族やコミュニティ,国が災害や治安,自然から受けるショックから立ち直る力」であると定義し,安定性を創出するための吸収能力(absorptive capacity)と柔軟性を創出するための適応能力(adaptive capacity),変化を自ら創出して状況に適応するための変態能力(transformative capacity)から構成されることを指摘している[5]。

(3) 経営学領域におけるレジリエンス研究の重要性の指摘

このようなレジリエンス研究の対象領域の拡大は，経営学領域においても例外ではない。アメリカを中心とする世界の経営学者が集う学会であるAcademy of Managementが発行するジャーナルの１つであるAcademy of Management Journalのエディターらが執筆したvan der Vegt, Essens, Wahlstrom & George［2015］において，「リスクを逆境として捉えること，またこれらは予測できないにもかかわらず瞬時の判断が求められる。我々が直面する時代そのものである。このような環境下で，長期的ストレスや変化，不確実性にめげずにショックを吸収し，修復する力，および，修復するシステムを構築すること」とレジリエンスを定義して，経営学においてもレジリエンス研究を蓄積することの重要性を指摘している。

van der Vegt, Essens, Wahlstrom & George［2015］ではまた，経営学におけるレジリエンス研究の可能性を指摘し，大きく２つに大別している。組織的側面からのレジリエンス研究（Organizational Resilience）とマネジメントの側面からのレジリエンス研究（Managing Resilience： A Research Agenda）である。

組織的側面からのレジリエンス研究の可能性としては，具体的に，システムやネットワーク，資源の視点（Systems, Networks and Resources）と，組織構造や意思決定の視点（Organizational Structure and Decision Making）を挙げている。たとえば，従業員のresilienceとして，従業員の知恵や自己効力感，安定した感情，経験に対する許容，社会的支持，感情認知，自律的な個，認知的柔軟性などが研究対象となる可能性を指摘している。また，経営学のresilience研究の可能性としてシステムやネットワークの分析単位を挙げている理由として，組織的なresilienceが他の組織や環境という外部要因との関係性に強く影響を受けるからであるとして，組織間関係の視点でresilience研究を蓄積することの重要性を説いている。

マネジメントの側面からのレジリエンス研究の可能性としては，具体的に，

個人と社会の視点（Individual and Social Resilience）と，組織間関係の視点（Coordination Within and Across Organizations），ネットワークの視点（Network Resilience），危機状況下でのガバナンスのあり方と（民間と）第3セクターと協業する視点（Governance and Tri-Sector Collaboration），組織の再起力を調査する視点（Examining Organizational Resilience），組織経営の再起力と（分析の単位が異なる）社会的再起力の関係を探る視点（Only if Business is Resilient can Society be Resilient）を挙げている。

　マネジメントの側面からレジリエンス研究を進める場合には，構成要素や構成要素間の関係，それぞれの軌跡を1つひとつ丁寧に記録し記述すること，そして，それらの測定方法に十分留意しなければならないことを指摘している。また，このような研究を進める際には，時系列で整理して解釈することも有効であるとの見解を示している。

(4)　経営学領域におけるレジリエンス研究

　経営学領域におけるレジリエンス研究としてはAcademy of ManagementおよびStrategic Management Societyが発行する雑誌[6]において，2017年2月25日現在，タイトルに "resilience" と表記のある論文が58本確認できる[7]。その内訳は，Academy of Management Journal（以下，AMJ）が3本，Academy of Management Proceedings（以下，AMPs）が53本，Strategic Management Journal（以下，SMJ）が2本である。しかし，AMPsは，（フル・ペーパーであるとはいえ）毎年開催される学会発表のための要綱である。この点を踏まえると，査読を経て正式に掲載された論文は5本に過ぎない。その5本の論文とは，Carmeli & Markman ［2011］とShin, Taylor & Seo ［2012］，Williams & Shepherad ［2016］，Ortiz-De-Mandojana & Bansal ［2016］，Rao & Greve ［2017］である。以下では，それぞれの論文を簡単に取り上げる。

　Carmeli & Markman ［2011］では，なぜ，古代ローマが長きにわたって覇権を握り続けたのか，すなわち，組織的レジリエンスを維持することがで

きたのかという問題認識のもと，掌握の戦略（capture strategy）と統治の戦略（governance strategy）の両方を同時に満たしたこと，そして，4つの戦術（統治の省力化による戦力と国力の維持，強みを発揮する態勢の構築，統合した植民地を孤立化させて結託させない，前哨地点を継続的に進める方針）を実行していたことにあると主張している。

Shin, Taylor & Seo［2012］では，従業員の動機付けの誘因と心理面のレジリエンスに着目し，この2つの要素が組織の直面する変化を克服する際に重要であることを定量分析で測定して検証している。

Williams & Shepherad［2016］では，2010年に起きたハイチでの地震を受けて，生きのびた地元の起業家がいかにして復興のための事業を立ち上げ，再起をかけたのかを丁寧な聞き取り調査をもとに大きく2つのタイプの起業家にわけて分析を加えている。

Ortiz-De-Mandojana & Bansal［2016］では，社会的・環境的実践（SEPs）[8]を多く積んだ企業が，長期的には財務的不安定性が低く，成長率が高く，生存率も高いことを定量的調査から導出し，その理由を，社会的環境的実践の蓄積が，組織的レジリエンスを高めているためであると結論づけている。そして，社会的・環境的実践を多く積んだレジリエンスが高い企業こそが長期的利益を達成することができるとし，証券市場の動向や株価に結びつく短期的利益を追求する企業の姿勢や経済的潮流を批判している。

Rao & Greve［2017］では，ノルウェーにおいてスペイン風邪の流行による死亡率が増加した際，同国における流通協同組合の編成が短期的および長期的に減少する一方で，組織化されてから長い協同組合は，信頼と強い社会的つながりに基づく協調関係が発揮されることを定量データで検証している。

以上から，経営学領域におけるレジリエンス研究の分析の対象は，組織，あるいは，地域となっている。前者を対象とした研究においては，論文では，「組織的レジリエンス」と名づけられている。これらの研究では，激変する環境に組織が組織内部の資源と組織外部の資源との関係をうまくマネジメントしながらどのように適応するのかという視点においては，その根底には，

資源ベースの戦略論からの着想があったことを確認することができるといえよう。

■注

1　本節の記述に関しては，水野［2017a］に負うところが多い。

2　国士舘大学の図書館・情報メディアセンターのOCLC WorldCat Discovery Services を活用し，西暦1600年から検索にかけた結果である。この検索サービスは，各種データベースを複合的に検索できるもので，検索の対象となっているものは，WorldCat（12～13世紀の手稿本から最新の先端技術レポート・CD・ビデオ・DVD等あらゆる図書館資料の書誌情報を収録），ArticleFirst（16,000タイトル以上の雑誌記事情報を収録），MIT Press Journals・Oxford Journals・SpringerLink等の電子ジャーナル，JapanKnowledge Lib・JKBooks・国立国会図書館雑誌記事索引等を集録している。同検索についての詳細は，http://www.kokushikan.ac.jp/education/library/database_linklist.html#02 を参照のこと。

3　物理学や工学研究の初期には，木材や鉄，鉄鋼などの金属素材が分析の対象となっていたが，その後，繊維やガラス繊維，ゴム素材，プラスチック素材にまで拡大していくことになる。

4　心理学におけるレジリエンス研究の特徴は，その性質を特定し，数値化して測定していることである。しかし，Windle, Bennett & Noyes［2011］では，（15の測定手法が開発されているにもかかわらず）測定手法の尺度に関して，概念と理論的な妥当性に疑問を投げかけている。

5　このことからも，OECDのレジリエンスに関する基本的論調は，社会生態学をベースに展開されていることがうかがえる。

6　前者の雑誌には，Academy of Management Journal（AMJ）とAcademy of Management Review（AMR），Academy of Management Perspective（AMP），Academy of Management Discovery（AMD），Academy of Management Learning and Education（AMLE），Academy of Management Proceedings（AMPs）が，後者の雑誌には，Strategic Management Journal（SMJ）とStrategic Entrepreneurship Journal（SEJ），Global Strategy Journal（GSJ）が含まれている。

7　2017年2月25日現在，文章中や要約，引用において "resilience"（resiliencyを含む）が使用されている論文数は，AMJが101件，AMRが149件，AMPが71件，AMDが9件，AMLEが66件，AMPsが352件，SMJが35件であった。

8　同論文の社会的・環境的実践（The Social and The Environmental practices）は，コミュニティとの関係性，多様性，従業員との関係性，人権，製品の品質，安全性，環境と企業のガバナンスの実践を包含したものであると定義されている。

第2章

保有する既存資源を
十全に活用する戦略とは
―本書の戦略フレームワーク

　本章では，日本企業がいま一度，創発戦略を礎に「事業を創り，市場を創る」（軽部 [2017] 268頁）循環を活性化させるために参考となるであろう戦略フレームワークを提示する。その前提として，①"日本的経営"と同質性が高い資源ベースの戦略論に立脚していること，②それゆえ，企業が保有する既存資源，特に保有技術や保有知識（情報）を十全に活用した事業展開を模索すること，③組織は限定合理的な組織観に基づいた事後的合理性および事後的進化能力というものが存在すること（それゆえに，意図せざる結果が発生し得ること），がある。

　そこで，まず，戦略立案に対しては，分析の単位を企業の主力の単一事業とし，単一の事業からいかに保有資源をうまく利用して事業を展開していくのかという視点で戦略フレームワークを考えることとする。組織が保有する既存資源を中核にして市場を開拓し，その先の戦略を展開するための戦略フレームワークを考えるために，保有資源を活用した結果，成果として生み出された製品と，その製品を展開していく市場との関係についてマトリックスで整理したイゴール・アンゾフ（Igor Ansoff）の事業拡大のモデルを確認した上で（第1節），保有資源の展開可能性を考えるにあたって，アンゾフのモデルを展開させて戦略的フレームワークに昇華させるために，ジェームス・マーチ（James March）の枠組みである知の探索（exploration）と活用（exploitation）について確認し（第2節），アンゾフのマトリックスの主軸を，製品というアウトプットではなくインプットとしての組織の既存の保

64

有資源である技術や知識（情報）と，その組織のインプットから生み出された財・サービスの訴求対象となる顧客に置き換えて，本書なりの新たな戦略フレームワークを構築する（第3節）こととする。

1 アンゾフのマトリックスに立ち返る

　アンゾフ［2015］は，企業はその保有資源であるヒト・モノ・カネを財・サービスに転換して利潤を追求する社会的組織であるとの立場に立っている。このような前提のもと，企業はその経営資源を活用していかなる戦略を立案し遂行するのか，そして，どのような財・サービスを実現するのか，について戦略のマトリックスを提示している（**図表2-1**）。すなわち，アンゾフは，組織に蓄積された保有資源を前提とした戦略を考えていることがわかる[1]。

　市場浸透（Market Penetration）とは，既存の製品の販売量を増やし，既存市場でのシェアを拡大することによって，事業を成長させる戦略的選択肢を表している。いわゆる既存事業の単純な拡大戦略で，現在の経営資源を用いて，同じ市場で戦う線形的な選択肢である。

　市場開拓（Market Development）とは，既存製品が活用できそうな新たな市場を開拓することによって，事業を異なる領域に展開させる可能性を持つ戦略的選択肢を表している。すなわち，現在の経営資源を転用させて，新たな事業領域に参入する非線形的な選択肢である。この選択肢は，進出する

図表2-1　　アンゾフのマトリックス

	既存製品 (Existing Products)	新製品 (New Products)
既存市場 (Existing Markets)	市場浸透 (Market Penetration)	製品開発 (Product Development)
新市場 (New Markets)	市場開拓 (Market Development)	多角化 (Diversification)

出所：Ansoff［1965］をもとに筆者が修正。

新たな事業領域における既存のプレーヤーに対して，破壊的イノベーション（disruptive innovation）[2] をもたらす可能性を内包している。なぜなら，新規参入者は，進出先の業界の常識にとらわれない自由な発想と活動で製品開発に挑むことができるからである。

製品開発（Product Development）とは，ターゲットである市場を変えることなく，投入する製品を新たに開発することで，既存事業を成長させる戦略的選択肢を表している。この戦略的選択肢は，製品は非線形での展開になるのに対して，市場は線形的に展開させるものである。すなわち，現在の経営資源から新たなものを作り出して，既存市場に関する情報や知識というすでに組織に蓄積されてきた経営資源を巧みに使いながら事業展開する選択肢である。この選択肢においても，既存業界に破壊的イノベーションをもたらす可能性を内包している。なぜなら，既存市場に関するトレンドや情報，ニーズなどを熟知しているため，そのニーズを満たす斬新な製品を上市することができれば，同業他社を凌駕する製品を開発することができる可能性が広がるためである[3]。

多角化（Diversification）とは，現在の経営資源を活用するか新たな資源を外部から調達するかして，新たな製品を作り出し，新たな事業領域を探し出して展開する非線形の戦略的選択肢である。一言で多角化といっても，この多角化には，既存の市場や事業と関連する事業領域に展開する関連多角化と，既存市場や事業との関連性が少ない事業領域に展開する非関連多角化が存在している。ただし，既存の保有資源の有効活用という観点からは，その可能性を引き出すことに苦慮する選択肢であるといえよう。

このアンゾフのマトリックスは，横軸に「製品」をとり，縦軸に「市場」をとった4つの戦略的選択肢を示している。このマトリックスで着目すべき点は，横軸となっている「製品」が，組織の経営資源を組み合わせて作られた成果としてのアウトプットを軸にしていることである。製品は組織のさまざまな保有資源を組み合わせた単一の成果にしか過ぎない。しかし，ヒト・モノ（技術や資産）・カネ・情報という経営資源の組み合わせ，すなわち，

組織がインプットする資源の中身にはさまざまな組み合わせの可能性がある。

　また，経営資源には多くのその組み合わせの可能性があることによって，多様なアウトプットが生み出されることになる。これは，インプットの組み合わせを変えることによってアウトプットである製品もまた変わってしまうことを意味している。したがって，企業が戦略的選択肢を検討するためにこのマトリックスを自社に当てはめようとすると，（インプットの組み合わせではなく）アウトプットである製品ごとにマトリックスをつくらなければならないことになる。そのため，アウトプットとしての製品ごとのマトリックスではなく，組織が投入するインプットをベースに考えることで，製品化の前の段階の戦略策定の議論をすることが可能となる。

　以上から，本章のマトリックスの軸として採用するのは，アンゾフの提示する「製品」ではなく，保有資源，それも，使い方によっては転用可能性，使用価値，利用価値を高める直接的な保有資源となるであろう技術や情報（知識）に焦点を当てて，戦略のフレームワークを探っていくこととする（第3節）。また，アンゾフのマトリックスのもう1つの軸である市場に関しても，本章では，どの市場に対して成果を訴求するのかという視点ではなく，誰に対して訴求するのかという視点で考えるために，また，市場のどの工程を手がけているのかによって直面する課題や状況が大きく異なるために，訴求の対象を当該組織の顧客に焦点を当てて，戦略のフレームワークを探っていく。

2 ｜ 知の探索と活用の議論が示唆する戦略論に対する意義

　資源ベースの戦略論の本質は，組織が持っている資源を最大限に活かすところにある。そして，日本企業の組織の強さは，その保有資源を磨いて学習しながら競争力に結びつけていくところにあった。このように，持っている資源を活かす議論と対極にあるのが，新たなものを探す議論である。組織にはこの両方が必要で，相異なるこの2つの活動を両立することが重要である

と主張している代表的な研究がMarch［1991］である。

　March［1991］は，それまでの組織学習プロセスで蓄積されてきた既存資源を活用する行動を "exploitation" と名づけ，新たな知を探索する行動を "exploration" と名づけた。前者が，組織がすでにあるものを活用するために，迅速性があり，不確実性も低く，効率的な行為であるのに対して，後者は，組織が長期的に存続するために必要ではあるものの，取り組みの費用が高く不確実性も高い行為であるという。そして，知を探索する行動はリスクが高い行動であるからといって，リスクが低く実現可能性が高い知の活用ばかりを追求すると，組織の停滞を招く可能性や，業界の新たな潮流や破壊的イノベーションから取り残されてしまう可能性が指摘されている。

　March［1991］のこの主張を立証するかのように，この二律背反である行為を同時に達成することにより，組織が高い成果を実現していることを示す実証研究が多数確認されている（Cao, Gedajlovic & Zhang［2009］；Cottrell & Nault［2004］；Gibson & Birkinshaw［2004］；He & Wong［2004］；Lee, Lee & Lee［2003］；Lubatkin, Simsek, Ling & Veiga［2006］；Markides & Charitou［2004］；Uotila, Maula, Keil & Zhara［2008］；Zhiang & Demirkan［2007］)。

　この知の探索と知の活用の議論で注目すべきことは，組織の限定合理性を前提に置いているところである。すなわち，組織が予見できる範囲には限界があり，それゆえ，事前に十分な効果を見通したり結果を正しく推測することができないことが強調されている。Levinthal & March［1993］は，このことを「学習の近視眼」（myopia of learning）と名づけ，組織が組織であるがゆえに潜在的に持つ認知的な制約をいかにして克服するのが肝要であるとの指摘をしている。

　そのため，March［1991］は，知の探索となる行動と知の活用となる行動の両方をとることで，その制約を克服することを指摘している。このことからも，知の探索と知の活用の議論においても，組織が事後的に学習していく「瓢箪から駒」「怪我の功名」「意図せざる結果」といった事後的合理性や事

後的進化能力の可能性が強く認識されていることがわかる。

　以上のことを踏まえると，知の探索と活用の議論は，組織が学習しながら事後的に合理性を達成していくプロセスに重きを置く創発戦略を考える上での1つのヒントとなる[4]。

　ただし，先に挙げた知の探索と活用の実証研究を確認すると，操作化が限定的であると判断せざるを得ない（水野［2015］）。なぜなら，知の活用行動を「既存の顧客のニーズや既存の環境にのみ対応する行動」として，また，知の探索行動を「新たな市場を創出して新規顧客を開拓する行動」と解釈されかねない定義や項目を設定しているためである。たとえば，Benner & Tushman［2003］では，知の探索を「アーキテクチュアル・イノベーション」「ラディカル・イノベーション」「新規顧客に対するイノベーション」と定義し，知の活用を「インクリメンタル・イノベーション」「既存顧客に対するイノベーション」と定義している。

　また，Lubatkin, Simsek, Ling & Veiga［2006］では，知の探索行動を測定するための具体的項目を「考え得る範疇外の視点から斬新な技術的アイディアを創出する」「新技術を探索する能力を継続的に発揮する」「創造した製品やサービスが企業にとってイノベーティブなものである」「創造した方向性が顧客ニーズを満たしている」「新たなマーケットセグメントを生み出すために積極的に大胆な行動に出る」「新たな顧客層をターゲットした積極的な行動を取る」としている。

　その一方で，知の活用行動を測定するための具体的項目は「品質と低コストへの改善取り組みを実施する」「製品やサービスの信頼性を高めるための継続的な改善取り組みを実施する」「作業の自動化のレベルを高める取り組みを実施する」「既存顧客の満足度を高めるための継続的な調査を実施する」「既存顧客の満足度を維持するための取り組みを実施する」「既存顧客により深く入り込む姿勢を貫く」である[5]。これらの研究を確認すると，事業展開の活動の受け手の対象が新規顧客か既存顧客か，そして作り出される対象が新規なものか既存の延長線上のものかによって，探索行動か活用行動かを区

第2章　保有する既存資源を十全に活用する戦略とは　69

図表2-2　　知の探索活動と知の活用行動の示す研究領域の整理

	知の活用活動	知の探索活動
既存顧客および既存市場展開	知の活用行動の領域	（B）
新規顧客の開拓，新市場創出	（A）	知の探索行動の領域

出所：水野［2015］を一部修正。

別しようとしているように解釈できてしまうのである（水野［2015］）。

　以上の議論を，アンゾフのマトリックスのようにして，市場と知の活動に落とし込んで整理すると，**図表2-2**のようになる。この図を鑑みると，Benner & Tushman［2003］やLubatkin, Simsek, Ling & Veiga［2006］らの定義や実証研究において，図表2-2の（A）と（B）の領域および戦略的有効性を十分に説明することができないことが浮き彫りとなる。

　しかし，現実的には，この領域にこそ，資源ベースの戦略論における戦略立案の可能性，そして，創発戦略の可能性を内包しているのではないだろうか。なぜなら，市場や顧客に関する知識や情報という蓄積された保有知識，あるいは，技術という蓄積された保有技術を中核にすえ，そこを起点として戦略を立案し，事業を展開する余地が大きいと考えられるためである。すなわち，知識や情報という組織の保有資源の利用価値を最大限に高める，あるいは，技術という組織の保有資源を使った事業展開可能性を考えることが，組織にすでに蓄積された保有資源を最大限に活かすという資源ベースの戦略論の観点においては効果的であると判断されるのである。

　そこで，次節では，アンゾフのマトリックス，および，March［1991］の議論やその後の知の探索活動と知の活用行動の実証研究から導出された図表2-2をもとに，本研究における戦略フレームワークを提示することとする。

3 本研究の戦略フレームワーク

　組織が保有する既存資源を十全に活用する戦略フレームワークを考えるにあたって，特徴的な点は，第1に縦軸の訴求対象をアンゾフが設定する「市場」ではなく，訴求対象を「顧客」として設定することである。なぜなら，市場は時系列とともに変化することがあること，そして，一言で市場といっても，川上工程から川下工程まで広域にわたり，それゆえ，幅広い顧客層を包含してしまうためである。また，市場は，拡大したり縮小したりするのみならず，細分化および統合されることもある。現に，市場を表す政府統計の産業分類の項目においても，しばしば産業分類に改定が加えられている[6]。これらの理由から，本書では，縦軸を市場ではなく顧客として設定することとした。

　第2に，アンゾフのマトリックスでは横軸に「製品」を設定しているものの，先に示したように，製品というのはアウトプットであるのに対して，本研究では，保有資源というインプットをベースに考えて戦略のフレームワークを考えている。したがって，横軸は，保有資源ということとなる。ただし，組織の保有資源と一言で言っても，ヒト・モノ・カネ・情報という資源であり，ヒトがモノとカネ，情報を使って，これらの資源を組み合わせてアウトプットを創出することとなる。

　特にモノづくり製造業においては，Itami & Numagami［1992］が採用しているように，保有資源の1つとしていかなる技術を保有していて，それをどのように展開するのかという議論は，特にモノづくりを実践している組織において，そして，保有資源を展開する戦略を考える上で肝要であると思われる。そこで，本書では，横軸として技術を設定し，既存技術と新規技術という区別で戦略フレームワークを考えることにする。

　それを示した戦略フレームワークの全体像が**図表2-3**となる。「知の活用の戦略」は，既存の技術を活用してアウトプットをつくり出し，既存顧客に

第2章　保有する既存資源を十全に活用する戦略とは　　71

図表2-3　　本研究の戦略フレームワーク

	既存技術 (Existed Technology)	新規技術 (Novel Technology)
既存顧客 (Existing Customer)	知の活用の戦略	顧客フィクスト戦略
新規顧客 (New Customer)	技術拡張戦略	知の探索の戦略

出所：筆者作成。

　提供する戦略のことで，March［1991］の知の活用行動に該当する。また，
「知の探索の戦略」は，新規顧客をターゲットとして，新たな技術を開発す
ることでアウトプットを提供する戦略のことで，March［1991］の知の探索
活動に該当する。

　しかし，本書の戦略フレームワークで強調するのは，図表2-2の（A）
と（B）に該当する戦略の重要性である。なぜなら，先にも言及したように，
この領域こそが，資源ベースの戦略論および事後的合理性や意図せざる結果
が確認される創発戦略を考える上で重要な位置づけにあると判断されるから
である。そこで，本書では，図表2-2の（A）と（B）に該当する戦略，お
よび，その事例を取り上げることとする。

　図表2-2の（A）に該当する，既存技術を用いて新たな顧客を開拓し，
新たな事業領域の拡大につなげていく戦略は，図表2-3の「技術拡張戦略」
（technological extension strategy）に該当する。技術という保有資源を基
軸に事業展開・製品展開を遂げていく戦略だからである。この技術拡張戦略
は，大きく2つのタイプに分けることができる。それらは，既存技術を同一
業界に展開して川上工程および川下工程に該当する新規顧客をターゲットに
する「技術ストレッチ戦略」（technological stretch type of technological
extension strategy）と，既存技術を異なる業界に展開して新規顧客をター
ゲットにする「技術スライド戦略」（technological slide type of techno-
logical extension strategy）である。

技術ストレッチ戦略と技術スライド戦略のイメージを表したのが**図表2-4**である。また，技術ストレッチ戦略は，組織に蓄積された保有技術を同一業界の川上工程および川下工程に展開する戦略であるため，買収して垂直統合することで中核技術をより強め，保有技術を拡大することも，この戦略に包含される。したがって，買収によって中核技術をより強くするための川上統合や川下統合も技術ストレッチ戦略の手段の1つとなる。

　一方，図表2-2の（B）に該当する，既存顧客に対して新たな技術を開発して，既存顧客に新たな価値を提供する戦略を「顧客フィクスト戦略」（customer fixed strategy）と呼ぶことにする。顧客フィクスト戦略は，既存顧客との関係性や既存業界に関するニーズやトレンドなどといったそれまでに組織に蓄積されてきた情報や知識という保有資源を活かして，新たな技術を探索する戦略である。

　これらの3つのタイプの戦略は，いずれも，技術あるいは情報や知識といった組織がそれまで蓄積してきた保有資源を基盤にして戦略を展開していくという資源ベースの戦略論が根底にある。いかにしてそれまで組織に蓄積されてきた保有資源の展開可能性を探るのか，そして，その保有資源を通して事後的に進化していくのか，このテーマに関して，事例分析を通して探っ

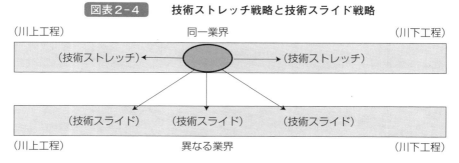

図表2-4　技術ストレッチ戦略と技術スライド戦略

出所：筆者作成。

ていく。

　そこで，次章では，それぞれの戦略に合致するモノづくりの事例を取り上げ，記述を詳細に追うことで，それぞれの戦略についての理解を深めることとする。事例とした企業は，モノづくりを営む中小企業である。これらの戦略の事例として，モノづくり中小企業を取り上げた理由は，資源制約を大きく受けるなかで小規模ならではの特性を活かして戦略を展開する企業事例を紐解くという本書の2つ目の目的を遂行すること，また，小規模組織は特に保有資源の制約が大きく，限りある保有資源を十全に生かした戦略を選択せざるを得ないこと（したがって，意図せざる結果や事後的合理性を追求する創発戦略を選択せざるを得ないことが多いこと），そして，分析の単位とした事業領域も単一の状態から展開されていることが多いため，事例記述の整理や理解が複雑な大規模組織と比較しても分析しやすいことからである。

4 　事例研究の対象となる企業について

　事例研究の対象とした企業は，水野［2015］で行った調査研究をもとに，のべ105社のセミ・ストラクチャード・インタビューを実施した後に2017年にかけて筆者が追跡調査をしたものと，国士舘大学経営研究所の「優良中堅・中小企業研究」プロジェクトの助成を受けて進めてきた調査，および，これに関連して筆者が参加した講演会によって得た情報をもとに，筆者が抽出した。なお，本書で対象として取り上げた事例企業のインタビューの実施時刻やインタビューイーの肩書きは**図表2-5**，そして，講演会の詳細については**図表2-6**のとおりである。

　事例研究の対象とした企業は，モノづくりを営む中小企業で，それぞれの戦略について抽出した該当する企業は次のとおりである。

　技術拡張戦略における技術ストレッチ戦略の事例として，マスダック（CASE 1）と不二製作所（CASE 2）を取り上げる。マスダックは，もともと，どら焼きやクッキーなどを焼く菓子の装置メーカーであった。当初，焼

図表2-5　インタビュー調査リスト

企業	インタビュー実施日時	インタビューイーの当時の肩書
マスダック	2009/8/25　14：00-17：00	CEO
	2016/9/13　14：00-16：30	CEO／企画広報室リーダー
不二製作所	2016/3/11　15：00-18：10	経営企画室 取締役 室長
	2016/5/16　13：30-16：30	代表取締役社長
玉田工業	2016/10/28　10：30-12：00	常務取締役 事業本部長
	2016/11/21　10：45-15：00	製造部部長 関東工場 工場長／常務取締役
	2016/12/6　9：30-11：45	子会社出向中の業務部長／事業部技術担当
	2016/12/19　10：00-17：00	業務部担当／技術担当／総務課担当／製造部担当／製造部北陸工場担当／製造部担当／北陸工場工場長代理／製造部北陸工場担当／代表取締役／東京支店次長
	2016/12/20　9：45-12：45	製造部北陸工場 工場長／製造部 北陸工場／製造部 北陸工場／製造部 北陸工場
	2017/6/2　9：00-17：00	代表取締役／専務取締役／取締役 技術部長／顧問
クロスエフェクト	2010/10/25　15：50-17：50[7]	代表取締役社長
	2014/1/24　13：00-14：20	代表取締役社長
近藤機械製作所	2014/3/4　16：00-16：30	代表取締役社長
	2014/7/4　10：00-13：00	代表取締役社長／営業係長
川並鉄工	1999/3/4　10：00-12：00	代表取締役社長
	2010/10/25　15：50-17：50[8]	代表取締役社長
	2017/6/20　10：00-14：00	代表取締役社長
ナベル	2016/6/13　13：30-16：00	代表取締役社長／常務取締役 社長補佐・広報担当
	2017/6/19　9：50-12：10	代表取締役社長／常務取締役／開発本部本部長／開発本部 機械グループ 課長

き菓子装置をオーダーメイドしていたが，取引先の依頼で（取引先は開発した菓子ブランドの製造よりも新たな菓子ブランドの開発に集中したいという理由で），自社の開発した焼き菓子装置を使って取引先の菓子ブランドを製造するというOEM（Original Equipment Manufacturer）を行った。すなわ

第2章　保有する既存資源を十全に活用する戦略とは　　75

図表2-6　　事例企業の講演リスト

日時	スピーカー	主催者（場所）
2014/9/6　13：00～14：30	クロスエフェクト　代表取締役	日本生産管理学会 （名古屋工業大学）
2016/10/12　12：55～14：25	玉田工業　代表取締役	国士舘大学（国士舘大学）
2017/5/24　12：55～14：25	ナベル　代表取締役	国士舘大学（国士舘大学）
2017/10/4　12：55～14：25	玉田工業　代表取締役	国士舘大学（国士舘大学）
2017/11/15　12：55～14：25	不二製作所　代表取締役社長	国士舘大学（国士舘大学）

ち，マスダックは川下工程に技術ストレッチした戦略を選択した事例となる。

　不二製作所は，素材の表面を研磨したり，清掃したりするブラストの装置メーカーである。その後，顧客の依頼で（顧客が受注する業務がいつまで継続するのかわからないためにブラスト装置を設備するという意思決定をすることが難しいため），自社の開発したブラスト装置を使って部品加工や清掃業務を担うようになった。すなわち，不二製作所も，川下工程に技術ストレッチした戦略を選択した事例になる。

　技術スライド戦略は，B2BとB2Cへの展開に分けて事例を取り上げる。第4章では，技術スライド戦略でB2Bに展開した事例として，玉田工業（CASE3）とクロスエフェクト（CASE4）を取り上げる。玉田工業は，地下埋設用のガソリンタンクを特異としていたが，ガソリンスタンド数の減少などの事業環境が変化するなかで，そのノウハウを貯水槽や防火水槽，ドクターヘリの給油システムなど，タンク製造のみならず，その周辺のシステム設計へと事業を拡大した事例である。すなわち，玉田工業は，中核技術を異なる事業領域に展開した技術スライドの事例となる。

　クロスエフェクトは，3次元モデリングで主に試作品を受注している企業である。自治体が運営する支援団体からの情報で，医療分野での3次元のモデリングのニーズがあったことから，開発を手がけるようになり，医療分野への事業展開に成功した。

　第5章では，技術スライド戦略でB2Cに展開した事例として，近藤機械

製作所（CASE 5 ）と川並鉄工（CASE 6 ）を取り上げる。近藤機械製作所
は，部品加工のみならず，自社で部品加工する装置までも製造するメーカー
である。加工を手がける部品の1つに航空機エンジンの衝撃を吸収する部品
があり，この技術を転用して自転車用のハブを開発することで，自転車業界
への事業展開を果たした。

　川並鉄工は，大型機械部品の金属切削加工を特異とし，その大型機械部品
の加工を転用してインテリア・アート作品の製作を手がけるようになった。
技術スライド戦略に取り上げたいずれの企業も，B 2 BであれB 2 Cであれ，
中核技術を基に異なる事業領域に展開し，新たな顧客開拓に成功している。

　第 6 章では，顧客フィクスト戦略の事例として，ナベル（CASE 7 ）を取
り上げる。ナベルは，鶏卵を選別する装置メーカーで，顧客ターゲットは養
鶏業者である。同社は，養鶏業者のニーズに耳を傾けることで，業界初の養
鶏選別装置を次々と開発してきた。

■注

1　ただし，戦略スクールの議論では，アンゾフは戦略計画学派に位置づけられてい
　る（Mintzberg, Ahlstrand & Lampel［1998］）。
2　ここでいう「破壊的イノベーション」とは，従来にはない新しい製品属性を付加
　することにより，高い価値を提供していることを表している。この破壊的イノベー
　ションの中には，開発当初，従来の製品属性を基準にしていては，内包する価値が
　評価されず，既存企業が見逃してしまうものも含まれる（Christensen［1997］）。
3　たとえば，ランダムサンプルで品質検査をしていた破壊型測定器しかない業界で，
　全数検査ができる非破壊型測定器が開発されるという現象が該当する。
4　創発戦略が，戦略論の学派において「ラーニング・スクール」に位置づけられて
　いるため，この指摘は自明であるという意見もあるだろう。
5　項目についての具体的な英語表記や詳細については，水野［2015］（40-41頁）を
　参照のこと。
6　日本標準産業分類の改定の詳細については，http://www.soumu.go.jp/toukatsu/
　index/seido/sangyoを参照のこと。
7　グループインタビューとして実施した。
8　グループインタビューとして実施した。

第3章

技術ストレッチ戦略の実践例

本章では，第2章で提示した技術拡張戦略における技術ストレッチ戦略の事例を取り上げることとする。

CASE 1	株式会社 マスダック[1]

(1) マスダックの企業概要とこれまでの事業展開

マスダックは，1957年に創業した埼玉県所沢市に本社を構える焼き菓子製造装置メーカー，および，自社で開発した装置を使った菓子をOEMで生産するメーカーである。主要製品には，全自動のどら焼きラインの装置があり，どら焼き製造装置に関しては国内95％のシェアを握っている。同社がこれほどまでにどら焼き製造装置で圧倒的な国内シェアを握ることができた1つの理由は，顧客の要望に応じてカスタマイズしているところである。標準的な装置のカタログはあっても，どら焼きの生地の固さや焼き加減，どら焼きの形状に関しては，細部にわたった顧客のそれぞれのこだわりがある[2]。この顧客のこだわりに対して，1つひとつきめ細やかな対応を行っている。

同社はもともと，焼き菓子装置の性能を高めたり使い勝手を改善したりするために，同社が開発した焼き菓子装置を使って実際に焼き菓子商品を製造して一部販売したりしていた。しかし，焼き菓子製造装置は一度，受注して納品してしまうと継続的な売上を見込むことができないために事業のリスク

ヘッジを考える必要があったこと，そして，顧客である焼き菓子製造装置の納入企業への開発協力をした商品の製造を委託されたこと，などから，自社で開発した装置を使って実際の焼き菓子を製造する事業へと業務を拡大した。2003年には，「機械工場と菓子メーカーの総合工場を作ろう」と企画し，OEMの製造体制を強化した。その後，さらにOEMの生産ラインを増強している。

2016年現在では，装置製造による売上比率が45％程度，OEMによる売上比率が55％程度と，OEMの売上比率が高くなるまでになり，単一事業に対する依存度が減り，事業のリスクヘッジを達成することができた。

創業時の社名は新日本機械工業株式会社であったが，1990年からMASDACという製品名をつけて装置を販売していたこと，そして，本格的な海外展開を見据えていたことなどから，機械メーカーとしてのブランド力，および，ブランドイメージを高めるために，2007年に現在の社名に変更した。2016年現在，海外での売上は，装置売上全体の26.6％を占めている。どら焼き装置を海外に向けて販売するために，同社の代表取締役社長である増田文治氏は同社に入社した1981年から1982年にかけて海外に留学して，現地の視察や開催された展示会などにも頻繁に足を運んだ。このときに培った人的交流が，その後の同社の海外展開に結果的に役立っているという。

帰国後には海外事業部担当として海外展開に携わり，海外で開催される展示会に出展するなどして，少しずつ同社の海外事業の比率を高めてきた。2004年には，海外留学時代の友人がきっかけとなって，共同でオランダのアムステルダムに現地法人であるマスダックヨーロッパ（現 マスダックインターナショナル）を設立し，ヨーロッパ市場へ本格的な参入を遂げた。ヨーロッパ各地で開催される展示会への出展やマーケティング活動を通じて，現地の焼き菓子ニーズに合った[3]装置を販売し始めた。海外では，"Sandwich Pancake Machine" という名称で認知されているという。

2009年には，現地生産を開始し，同社の焼き菓子装置は，オランダ，スペイン，イタリア，トルコなどのヨーロッパ各地へ納品されるようになった。オランダの現地法人を基点として，同社の装置は，中東，ロシア，アフリカ，

北米，中米にも納入されるようになっている。2016年現在では，将来的にアジア市場への事業拡大をすべく，シンガポールや中国，タイ，インドネシアなどを念頭に置いた事業展開に注力しているという。

　本項では，同社の事業展開の中でも，事業構造を大きく変える転換点となった食品事業への展開に焦点を当てて，技術ストレッチ戦略について確認する。

⑵　技術ストレッチ戦略のターニングポイント

　ストーリーは今から30年ほど前に遡る。皿盛りデザート専門店から発祥した洋菓子店を経営する企業の社長が，マスダックの工場に見学に訪れたことに端を発する。その社長は，お菓子の手作り作業そのものを機械化したような同社の装置に衝撃を受け，製造工場の機械化，および，装置の導入を検討するようになったという。その後，その社長は，新たに展開した焼き菓子ブランドの機械化の相談に訪れ，同社の装置を導入したことから関係が深まっていった。新たな焼き菓子ブランドの開発の際には，段取りや作業効率，こだわりの焼き加減を実現するために企画の段階から参画することも少なくないためである。

　あるとき，この２人の間で話題に上ったのが，東京土産のNo.1は福岡県産のひよこ（饅頭）であるという記事だった。これが，東京土産の代名詞となるお菓子を開発・製造するための協力依頼につながった。こうして開発されたのが『東京ばな奈「見ぃつけたっ」』（以下，「東京ばな奈」と略す）であった。「東京ばな奈」の製造装置には，焼きの工程と蒸す工程があるが，これには同社が蒸す工程に関する特許を持っていたことが役立った。

　「東京ばな奈」のストーリーにはまだ続きがあった。さらにその顧客は，新たな菓子ブランドの企画や開発，販売業務に経営資源を集中させるという意図から，同社に「東京ばな奈」の製造委託を打診してきたのである。同社は，以前から，同社で開発した装置で，試験的に焼き菓子を製造することで，装置の性能を高めたり使い勝手を改善したりしてきた経緯があったことや，

装置製造と販売のみに頼る事業の構造を転換する必要性を認識していたこともあり，この依頼を引き受けることにした。自社が開発した装置で焼き菓子を製造するという挑戦は，きっかけは顧客からの依頼ではあったものの，結果的にマスダックが同一業界の川下工程に事業を展開する技術ストレッチ戦略につながったことを意味している。

OEMを引き受けた当初は，この業務を特に公にしていたわけではなかったが，たまたま売りに出ていた同社に隣接する敷地に工場用地を取得して「東京ばな奈」用の生産ラインを増設し，アメリカの安全規格であるAIB（American Institute of Baking）のフードセイフティー・食品安全監査基準を採用して「機械工場と菓子メーカーの総合工場」であることを公表すると，関係者間で大きな話題になったという。

(3) 技術ストレッチ戦略から得た効果や意義

自社が開発した装置で他社ブランドの焼き菓子を製造する，すなわち，同一業界の川下工程に事業を展開する技術ストレッチ戦略を通して，同社はさまざまな効果を得たという。第1に，焼き菓子製造プロセスや食の安全性，作業効率などを十分考慮した上での装置設計をするようになったため，装置メーカーとしての競争力が向上し，企業ブランド力も向上したことである。たとえば，装置の工程ラインを高くして，作業者の足元が見える装置設計にして，床の異物を発見しやすい，かつ，掃除がしやすい装置にすることや，製造ラインと包装ラインの気圧を若干変えることで，製造ラインに埃や塵などが混入しないようにすること，装置の設計に角度をつけることによって埃がたまらないようにすることなど，ただの装置メーカーでは気づきにくい，装置の利用者でなければ気がつきにくい数々の工夫が同社の装置には埋め込まれている。

すなわち，顧客である焼き菓子メーカーの目線で"かゆいところに手が届く"設計を実現しているのである。このような機能が組み込まれた装置は，高い信頼性と実績を得ることができ，装置としてのMASDACブランドの維

持のみならず，装置販売価格の維持にもつながっている。

　第2に，装置製造事業に売上のすべてを依存した専業から，OEM製品の製造事業の売上を計上できる兼業になったことで，事業，そして，売上のリスクヘッジが達成できたことである。特に，装置の受注量は，景気の影響を受けるが，こうした，企業業績が景気の動向に大きく左右される事業形態から脱却することが可能となった。また，装置事業はメンテナンス業務はあるものの，基本的には装置を開発・製造して顧客の現場で設置したら顧客とのやりとりは極端に減ることとなる。かつては，このような状況に同社は危機感を抱いていたものの，OEMを手がけるようになってからは，その状況から脱却することができたという。

　さらに，顧客とは，装置納入業者としてのつながりのみならず，OEMを委託している業者としてのつながりもできたことから，当該顧客とのつながりも深くなったという。製造しやすい装置を開発するために顧客の新たな菓子ブランドの企画開発の上流工程から参画させてもらうことや，開発した装置の受注が期待できることなどが挙げられる。ある焼き菓子ブランドとの事業においては，装置に関する特許はマスダックが，商品に関する特許は顧客が持ち，その焼き菓子ブランドが消費者に受け入れられたことで，お互いにWin-Winの関係を構築したほどである。

　第3に，技術ストレッチ戦略は，同一業界に事業を展開する戦略であるために，それまで同社が蓄積してきた業界や事業に関する情報や知識を十分に活かすことができることである。いわゆる，情報という資源の多重利用（伊丹［1984；2012］）が可能となることである。すなわち，焼き菓子業界の「常識」や求められているニーズ，製造上の注意点などの情報や知識もすでに組織内部に保有資源として蓄えられており，一から収集する必要がないために効率的な戦略展開が可能となるのである。

| CASE 2 | 株式会社 不二製作所[4] |

(1) 不二製作所の企業概要とこれまでの事業展開

　不二製作所は，1950年に東京都江戸川区で創業したブラスト装置メーカーであるとともに，ブラスト装置を使った受託加工や装置レンタルを手がけている。ブラストとは，素材に投射物（研磨材）を衝突させることで，塗装面や接着面の前処理（下地処理）を行うことやクリーニングすること，素材をコーティングすること，研磨すること，部品のバリ（材料を削った後処理のこと）を取ること，素材特性を強化すること[5]など，素材の表面を改質する技術を指す。装置のみならず，どの物質をどのスピードで投射させるのかの組み合わせによって，加工方法は無限にも考えられ，最適な解を導出するのに専門的な知識とノウハウを要する。それゆえに，同社は「ブラストの可能性は，まだまだ夜明け前」と謳い，装置の開発のみならず，投射物の研究，加工方法の研究など，研究開発型企業としてブラスト加工の可能性を追求している。

　このような業種特性から，取引のある事業領域は多岐にわたる。自動車業界や航空機業界，電気電子業界，半導体業界，金型業界，建設業界，工芸品業界，建設・住宅業界，金属加工業界，プラスチック業界，石油化学業界等々，多様な業界に活用されている[6]。そのため，新たな事業領域をいかに探すのか，そして，顧客のニーズにいかに応えるのかが重要になる。この点を鑑みると，本項では同社を，技術ストレッチ戦略の事例として焦点を当てているものの，技術スライド戦略および顧客フィクスト戦略も同時に実践している企業であるとも言えよう。

　さらなるブラスト技術の可能性を探っているということからもうかがえるように，同社の基本的方針として，「断らない」「御用聞き」「顧客の駆け込み寺」という姿勢を貫く。すなわち，顧客をはじめとした外部からの問い合

わせや要望，持ちかけられた相談に対して，まずは「やってみる」という立場を明確にしている。代表取締役社長である杉山博己氏は，「当社のコア・コンピタンスは，何気ない引き合いや受注の中から新しいブラストの可能性を見つけ出し，新しいブラストビジネスを立ち上げる力であり，ブラストのメリットで世の中に小さなイノベーションをたくさん作り出していく能力にあると思っています」と答えている。

そして，この能力を高めるためには，気づく力が重要であると強調する。たとえば，加工のノウハウから発展した事業となったプラズマ・パネル・ディスプレー用のブラスト装置は，これまでブラスト業界で使用されていなかった微粒子の研磨材に着目したところが解決の糸口だったという[7]。また，このような気づきによって，次の事業の柱を育てることが可能となり，業界トレンドの波をつかみ，事業の発展に寄与してきたという[8]。このような挑戦から，次から次へと新たなブラスト装置が開発されてきた。ブラスト装置によるWPC処理[9]やシリウス加工[10]もその最たる例である。

さらに，今後の事業展開を考え，海外を見据えてタイに現地法人「フジ・ブラスティックタイランド」を設立した。2012年のことである。現地の日系企業の装置のメンテナンスや研磨材を販売したり[11]，標準的な装置を安価な値段で製造したりする拠点として位置づけられている。

(2) 技術ストレッチ戦略のターニングポイント

結果的ではあるものの，同社のストレッチ戦略のターニングポイントとなったのは1986年に同社が開設した日本ブラスト加工研究所に遡る。もともとの狙いは，ブラスト研究を進めるための施設であり，ブラストの可能性を追求するために，実際のブラストの加工を通じてブラスト市場をリサーチするというミッションを担っていた。

しかし，顧客から部品を預かってブラスト加工して顧客に戻す要望が多かったことから，同研究所で受託加工の業務を展開するようになった。それら1つひとつの情報の蓄積が，研究開発の種となり，次の事業のきっかけに

なると考えたからである。すなわち，これは，川下工程への技術ストレッチ戦略の実践と理解することができる。

受託加工の中には，本格的に設備する前の開発量産的なブラスト加工や，期間限定モデル部品のブラスト加工などがある。そのほかにも，アップルストアの外壁のブラスト加工や，シンガポールにあるMarina Bay Sand'sホテル施設の美術館の壁用SUS複合板側面の板のブラスト加工，浅草寺のチタン製の屋根瓦[12]のブラスト加工，皇居の桜田門の清掃業務[13]なども手がけた。

また，いつまで受注があるか予測できないためにブラスト装置を設備する意思決定ができないという顧客に対しては，装置のレンタルも行っている。

(3) 技術ストレッチ戦略から得た効果や意義

ブラスト装置の製造のみならず，実際にブラスト加工を行う技術ストレッチ戦略をとることで同社が実感しているメリットは，次の4つである。第1に，ブラストの可能性を追求することができる点にある。ブラスト加工に関する問い合わせや相談を通して，ブラストがどのような用途に活用できるのかを探索する機会となっているのである。大手電機メーカーの研究所からの問い合わせでプラズマ・パネル・ディスプレーの加工をするようになったことからも明らかである。また，このようなブラスト加工を通して，新しい加工法の発明のきっかけになることもあるという。

第2に，実際のブラスト加工業務を通して，ブラスト加工の情報や知識，ノウハウのみならず，ブラスト加工に利用する研磨材に関する情報や知識，ノウハウまでもが同社に蓄積されていくことである。受託加工のプロセスで，些細な加工の違いや異常現象に気づき，「なぜ」を追求していくプロセスで新しい加工法やシステムが考案されることもあるという。また，ブラストの加工を手がけながら，担当者が一般的な現象と違うことに気づいて工夫してみることや，「こんな加工をしたら面白そうだ」とチャレンジしたことが実際の発見に結びつくこともあるという。

第3に，ブラストの加工を手がけることで，同社が製造した機械の使い勝

手を知ることができるため，そのフィードバックを機械の改良や改善，新たな用途開発に結びついていることである。同社のブラスト装置は，性能が良く，トラブルやクレームも少ない上にメンテナンスがしやすいとの評判を得ているが，それは，同社がブラストの加工を手がけているために，どのような設計にすれば部品交換がしやすいかという知が加えられているためである[14]。

第4に，ブラスト加工を手がけることで，ユーザーとの接点を持つことができることである。ユーザーとの接点や関わりが増えることで，多くの情報が同社にもたらされることになる。代表取締役社長の杉山氏が「当社のコア・コンピタンスは，何気ない引き合いや受注の中から新しいブラストの可能性を見つけ出し，新しいブラストビジネスを立ち上げる力であり，ブラストのメリットで世の中に小さなイノベーションをたくさん作り出していく能力にあると思っています」と実感しているように，ユーザーとの接点や関わりが増えると，この確率もそれに比例して高くなると考えられるためである。

■注
1　本項の記述の一部は，同社のホームページを参考にしている。
2　どら焼き製造装置に関して，いかに顧客のこだわりを満たすことに手間がかかるのか，かつ，重要なことであるのかを垣間見ることができる会話がある。それは，インタビュー時，同社の代表取締役社長である増田文治氏が「どら焼きは先代の頃からオーダーメイドで作っていました。最初の試運転で出てくるのは，たいていお客様が望むようなものはできません。お客様とやりとりをして実績ができてくるのです。失敗もありますが，そのときには絶対に逃げません。こうやって信頼関係ができてくるのです。このような開発のプロセスはとても"面倒くさい"ものなので，他社メーカーは逃げてしまう。結果として生き残ったのが当社なのです。だからトップシェアなのです。そういう意味では，機械を作るのに妥協しないというのが強みといえば強みですね」と語ったことである。
3　海外で見本市や展示会に出展する際には，現地では日本独特のどら焼きの中味である餡子がなかなか受け入れられないため，そのかわりにチョコレートなど現地になじみのある素材をどら焼きの皮に包んで実演する工夫をしているという。
4　本項の記述の一部は，同社のホームページを参考にしている。

5 素材特性を強化する技術の一例として，航空機部品の加工部品が挙げられる。加工した航空機部品をブラスト装置によってショット・ピーニングすることで，部品の素材特性を強化している。もちろん，このブラスト装置は，Nadcap（National Aerospace and Defense Contractors Accreditation Programの略で，1990年に発足した非営利法人Performance Review Instituteが設定する航空機製造の特殊工程に関する監査・認証プログラム）の認証取得に対応したものである。

6 意外と思われる事業領域においてもブラスト装置が使われていることもある。たとえば，人工毛が挙げられる。人工毛の素材は樹脂が用いられており，この樹脂の人工毛の艶出しのためにブラスト加工するという。

7 もともとは，大手電気メーカーの研究所から，プラズマ・パネル・ディスプレーの加工をブラストでできないかという問い合わせがきっかけになって開発が始まったという。

8 したがって，同社の事業の構成は，時代によって大きく異なる。しかし，事業の移り変わりとともに，それまで培われた研磨材の知識や技術，装置生産能力は，同社の技術力やノウハウとして同社に蓄積され，次の事業に活かされているという。

9 WはWonder，PはProcess，CはCraftの頭文字をとった言葉で，特別な技術を持って金属の性質を大幅に改善させる処理ができるブラスト装置であることを表している。

10 空気の流れを活用した噴流加工を採用し，弾性体の研磨材を使うことで，金属の鏡面加工や精密切削が可能となる同社独自の技術である。

11 研磨材はブラストに使われると磨耗するし，ブラスト装置のノズルやゴムホースなども磨耗するため，他の工作機械と比較すると，部品交換の需要は高いためである。

12 チタンは特殊金属の1つであるために，瓦として利用しようとすると，風合いを出すために表面加工が必要となる。それをブラスト装置を使った加工で行ったのである。チタン製の屋根瓦の総重量は，土瓦よりも5分の1になったという。

13 屋外用ブラスト装置を使って研磨材を噴出・研掃して，門の汚れを落としたのである。

14 逆に，だからこそ，それほど多くのメンテナンス・ニーズがないために，自動車メーカーのサプライヤーのように，海外進出した顧客から「一緒に海外に（メンテナンス業務のために）来て欲しい」という要望がそれまでほとんどなかったという。

第4章

B2Bへの技術スライド戦略の実践例

　本章では，第2章で提示した技術拡張戦略におけるB2Bへの技術スライド戦略の事例を取り上げることとする。

CASE 3 　玉田工業 株式会社[1]

---

(1)　玉田工業の企業概要とこれまでの事業展開

　玉田工業は，1950年に石川県金沢市で創業したガソリン計量器販売修理業を祖業とする企業である。その後，ガソリンスタンドの地下埋設型タンクの製造，および，ガソリンスタンド建設を事業の柱として発展してきた。同社のガソリンスタンドのタンクは，国内75%のシェアを握っている。同社のタンク製造の技術的強みは，タンクにFRP（Fiber-Reinforced Plastics）[2]を付着させることでタンクの強度を増強していること，そして，同社が独自に開発したスプレーアップ工法によりFRPを吹きつけるコーティング作業をスムーズに行うことができるために，短納期を実現することが可能であることである。

　ガソリンスタンドのタンクを製造する同社の事業展開に切っても切り離すことができない存在が，消防法である[3]。昭和20年代のガソリンスタンドでは，タンクに溜められたガソリンをポータブル計量器でくみ上げて車に充填する方式がとられていた。昭和30年代初頭になると，消防法では，地下に埋

設するタンクは一重殻タンクに防錆加工で[4]，その容量が10kℓ以下と定められた。1991年には，地下に埋設するタンクの容量は30kℓ以上に増やされるとともに，SS二重殻タンク[5]が認可された。SS二重殻タンクは，製造しにくいということに加え，製造価格が従来型よりも跳ね上がったため，それほど普及するとは考えられていなかった。しかし，同社はこの改正をチャンスと捉え，手間がかかる新たに認可されたこのタンクを安価に提供することで，事業を日本全国に展開するきっかけとなった。

　そんな同社を待ち受けていたのは，新たなる消防法令の改正であった。1993年7月のことである。同法の改正では，SF二重殻タンク[6]が認可されることになった。しかし，当時，このタイプのタンクの製造技術を持ち合わせていなかった。そこで，同社は，その製造技術を持っていたアメリカのタンクメーカーの視察に行くことで，技術のキャッチアップを図ろうとしたのである。これをきっかけにして，試行錯誤の結果，同社のSF二重殻タンクの技術的基盤が形成され，同社の技術的強みが確立されてガソリンタンク業界での確固たる地位を確立したのである。

　しかし，またもや同社を襲った逆風があった。それが，1996年のことである。1986年1月に施行された時限立法「特定石油製品輸入暫定措置法」（以下，特石法と略す）が1996年3月に廃止されたのである[7]。この法律の廃止とともに，石油業界の競争が激化し，業界の統廃合が始まった。これが同社の業績に与えた影響も大きかった。同社は3期連続の赤字決算に陥ることになる。

　これ以降，ガソリンスタンド業界は，市場全体が急速に縮小することとなる[8]。国内シェア75%を握っているといえども，市場が25年ほどの間で半数程度まで縮小している事業環境下では，同社の業績に与える影響はきわめて大きい。そのような危機感を抱いていた同社は，（特石法を端に発する業績の低迷を受けるより前の）1994年頃から，地下埋設型タンクの技術を活かした事業展開に挑戦してきたのである。こうして，耐久性の高い防火水槽や貯水槽，地下収納庫，緊急患者搬送用ドクターヘリ給油設備システム，原子力

発電所事故処理のための汚染水タンク[9]，老朽化した地下燃料タンクの補修などを手がけるようになったのである。

⑵　技術スライド戦略のターニングポイント

　同社は，これまでガソリンタンク製造の中核技術を多くの事業に展開してきている。本項では，6つの新たな技術スライド戦略それぞれのターニングポイントを記述していくこととする。

　第1のターニングポイントは，1994年のことである。同社の代表取締役である玉田善明氏の高校時代の友人で，その後，同社に入社した技術者の1人[10]が，町内会長を務めていたことに遡る。その町では，埋設型の耐震性防火水槽の導入を進めていた。町内会長としてどのタイプの防火水槽を導入するか，カタログを調べていたところ，貯水槽用タンクは同社の主力製品とほぼ同じ容量であったこと，そして，鉄製やコンクリート製の防火水槽を見つけたことから「玉田工業のタンクの技術が活かせるのではないか？」と気づいたのである。

　そこで，玉田工業として，本格的に市場の調査を始め，次の事業の柱にするために開発に乗り出した。ただし，ガソリンタンクという本来，油のタンク製造を手がけていた従業員に水のタンク事業を手がける発想はないだろうという玉田氏の判断から，知り合いをあたり，設計担当となる技術者と営業担当者を新規に雇って開発に乗り出した。完成した防火水槽は，商品名を「アクアエンジェル」と名づけて販売することにした[11]。

　そのような折，1995年1月に発生した阪神淡路大震災が発生した。同社は被災した地域のガソリンスタンドで，玉田工業製のSF二重殻タンクすべてを緊急点検したところ，どれ1つとして一切の油漏れがなかったことが確認された。一方で，地震後，コンクリート製の防火水槽にひび割れなどが発生していたため，肝心のときに機能しないということが起きていた。

　玉田工業は，1995年11月に防火水槽の認定を取得してから，駆け出しの防火水槽のメーカーとして知名度を一から構築していく必要があったが，この

一件で，「玉田工業のSF二重殻タンクを防火水槽として導入しても安心である」[12]という評判が立ったという。「アクアエンジェル」の本格的な全国販売に乗り出したのは，1997年1月のことである。

第2のターニングポイントは，第1のターニングポイントと時を同じくして起こっていた。「SF二重殻タンクの技術を防火水槽に転用できるのなら，飲料水用のタンクを作ることもできるのではないか」という着想である。それが飲料水兼耐震性貯水槽である。しかし，着想は良かったものの，その開発や事業化は一筋縄ではいかなかった。貯水槽を飲料水として利用するためには，水道水を常にタンク内で循環させる必要があることや，塩素濃度をコントロールしなければならないこと，そのような状況をつくり出すためにはタンク内に圧力をかけなければならないために耐圧タンクでなければならないこと，などが製造上のボトルネックになったためである。

一時期，事業化を断念して開発を中断したこともあったものの，同社の顧問の後押しがあったことや，地元支援機関のアドバイザーによる助言があったこと，地元大学の産学連携オフィスが流体力学の研究者とつないでくれたこと，そして，同社の技術者の熱意などが実を結んで，2007年に産学連携のプロジェクトとして再開された。完成した飲料水兼耐震性貯水槽は「アクアインピット」という商品名で発売された[13]。2009年2月のことである。開発のスタートから実に15年が経過していた。

第3のターニングポイントも，第1のターニングポイントと時を同じくして起こっていた。「もともと油を入れるためのSF二重殻タンクの技術があって，水を入れるためのタンクがあるのであれば，空気のタンク，すなわち，地下収納庫となるタンクを作ることもできて事業化できるのではないか」という着想である。地下収納庫を開発して事業化するも，一筋縄ではいかなかった。地下空間内の空気の流れをどのように確保するのか，また，安定的に循環させるためにどのような設計にするのか，結露や湿気対策をどのように講じるのかなど，さまざまな課題があった。

地下収納庫の開発に完成してからも，すぐ販売することはせず，同社の北

陸工場と関東工場に地下収納庫を1基ずつ埋めて1年間，毎日温度や湿度などを測定してデータを収集した。この地下収納庫は「デポエンジェル」という商品名がつけられ，2005年に販売を開始した。「アクアインピット」ほど長期にわたった開発ではなかったものの，それでも，開発スタートから事業化までに11年が経っている[14]。

　第4のターニングポイントは，2000年に訪れた。石川県能登半島にある顧客の給油所改造工事を行っていた際，その地下タンクに穴が開いていることが判明したのである。早速，顧客にタンクの入れ替え工事の見積書を出した。その金額は800万円であった。しかし，この顧客から「これほど高い金額を出す予算はない。なんとか200万円でやってほしい」という依頼を受けたのである。

　これが老朽化した地下燃料タンクの補修「タンクライニング」事業の最初のきっかけとなったのである。この業務は，老朽化したタンクの油の漏洩を危惧する顧客からの注文はいくつかあったものの，タンク内に潜るというある種の危険を伴う作業でもあったため，そして，当時，消防法でまだこの工法が定められていなかったため，この時はタンクライニングの業務が全国的に普及するには至らなかった。

　事態が動き始めたのは，2007年のことである。消防庁が全国で老朽化した埋設型タンクの対応とそれによる土壌汚染対策に乗り出したのである。こうして，2010年6月に消防法が改正され，埋設して40年以上経ったタンクには，内面をFRP加工するか，取り除くかなどの措置を採らなければならないことが義務づけられた。また，この消防法改正では，対象となるタンクの所有者には2013年2月末までの2年間の猶予期間を定めて，それまでに対策を採ることも同時に義務づけたのである。この法改正は同社にとって追い風となった。タンクライニングの事業は，2000年から着手していたため，同社にすでにノウハウが蓄積されていたからである[15]。

　第5のターニングポイントは，2005年頃に突如として訪れた。同社の創業者であった社長である玉田氏の父の代からお世話になっており，その後に同

社の顧問となる人物が「航空機に対する事業を立ち上げる必要がある」と同社に助言に来たのである。これが，その後の緊急患者搬送用ドクターヘリ給油設備システム事業に参入するきっかけであった。

　同社はもともと事業の1つとして，ドクターヘリ給油のための油を入れるタンクを受注していた。基本的構造は，ガソリンスタンド用のタンクと同様である。それをタンク製造のみならず，事業に付加価値をつける1つの手段として給油設備システムというパッケージで事業化することの重要性を強調しにきたのである。同氏は，それまで他社でも航空機事業やヘリコプター給油システムなどを手がけていたこともあり，給油システムの設計に関する技術やこの業界での伝手もあったため，これを1つの新たな事業展開の絶好の機会と捉え，玉田工業が本格的に参入することにしたのである。今や国内シェア70%を保有するドクターヘリ給油設備システムは，同社のタンク製造という技術，および，システムとして設計する能力と，それまでの人脈が合わさって事業化されたものだったのである。

　第6のターニングポイントは，もとをたどると2007年7月16日に遡る。新潟中越沖地震発生後，東京電力柏崎刈羽原子力発電所で火災が発生した。この火災の消火が遅れ，社会的問題として取り上げられたのである[16]。原子力安全委員会の専門部会では，柏崎刈羽原子力発電所に新たに防火水槽を設置する決定を行った。そのときに採用された防火水槽が玉田工業の製品だったのである。

　この取引をきっかけに，玉田工業は，原子力発電所における防火水槽事業との関わりを強めていった。東京電力柏崎刈羽原子力発電所との取引実績が評価され，その後，東京電力福島第一・第二原子力発電所へも防火水槽を納入することとなったのである。このようにして玉田工業と東京電力との取引関係が構築されていった。

　2011年3月11日，東日本大震災が発生し，東京電力福島第一原子力発電所において，地震と津波の影響によって全電源が喪失して，原子力を冷却できないという非常事態が発生した。原子炉を冷却するために海水で冷却したも

のの，今度はその汚染水と処理問題が大きな社会問題として浮上した。そして，玉田工業から東京電力への提案が受け入れられ，東京電力が必要とする汚染水タンクの製造を受注することにつながっていったのである。

玉田工業のタンクの製造技術が汚染水タンクとして採用されたのには理由がある。同社のタンク技術の１つの特徴である鉄にFRPを吹きつけてコーティングすることによってタンクの強度を高める技術は実は放射線を遮断する作用があったこと，そして，汚染水は海水で冷却したために塩分が含まれており，FRPで内面コーティングされている同社のタンクは塩分に強いことであった。また，玉田工業の関東工場が栃木県鹿沼市にあったために，完成した汚染水タンクを輸送する面でも好ましい立地であったということも背景の１つにあった。

しかし，一番の大きな問題は製造しなければならない汚染水タンクの数であった。それまでの汚染水タンクのような大型タンクの同社の納入実績は，月３基程度であったのに対して，東京電力からの当初の要望はそれを大幅に上回る２カ月で270基のオーダーだったのである。それも，２種類の異なるタンクの製造が求められたのである。それは，高濃度汚染水用タンクとして地下埋設型100kℓタンクを100基分と，低濃度汚染水用タンクとして地上横置き型120kℓタンクを170基分であった（その後，追加オーダーで，それとは仕様の異なる低濃度汚染水用タンクとして地上横置き型100kℓタンク100基が求められた）[17]。このプロジェクトは，"TK-絆プロジェクトF" と名づけられ，玉田工業のみならず，さまざまなステークホルダーを巻き込み，全面的な協力を得ながら成し遂げられていった。そして，３カ月後の期日までに370基すべての汚染水タンクを作り上げたのである。

玉田工業のこれらすべての事業展開は，玉田工業の中核技術を意図した・意図せざるにかかわらず，技術スライドさせた戦略の結果であるといえよう。同社の代表取締役である玉田氏にこのような戦略を推し進める理由を問うと，インタビュー時の玉田氏の発言からこれに対する回答をいくつか挙げることができる。

　　　　　＊　　　　　　＊　　　　　　＊

　「すべての挑戦が成功したわけではありません。失敗もたくさん，たくさんあります。しかし，業績が良いうちに，利益が出ているうちに次の事業の仕掛けをしておかないと，今の事業で利益が出なくなったときに会社は立ち行かなくなってしまいます。失敗があることは仕方がないです。会社がおかしくなる前に，たくさんの取り組みをしておく必要があるのです」

　「すべての原点は，アメリカに行ってSF二重殻タンクの技術を習得したことにあります。この技術をいかに他の事業領域に展開していくのか，それはタンク屋としての使命だと考えています。汚染水タンクのプロジェクトのときもそうでした。誰もが「無謀だ」と口を揃えて言いました。しかし，私は，我が社の経営理念にある"玉田工業は，人間としてより豊かな人生を創造していこうとする集団であり，その業をエネルギーと環境施設のトータルプランナーとして，顧客の繁栄を求めながら，自身と社会に貢献し，未来に挑戦する集団であり続ける"ためにも，我が社に課せられたタンク屋としての使命であると考えて取り組みました」

　「SF二重殻タンクが当たって，全国のガソリンスタンドの70％以上ものシェアを占めるまでになって絶頂期にあったけれど，その後，3期連続の赤字を出してどん底を味わいました。妻には『天狗になっているから赤字になったのだ』と言われました。これが心に響いて，この言葉が本当に身にしみました。だからこそ，絶対に天狗になってはいけないと。これが今につながっています」

　「やはり，どんな仕事もシュリンクしていきます。だから，少々の売上や伸びの上下は仕方がないのです。ビジネストレンドはどんどん変わっていくのですから。それに適応できるような取り組みをきちんとやらないと，会社は潰れてしまうという危機感は常に持っています」

　　　　　＊　　　　　　＊　　　　　　＊

第4章　B2Bへの技術スライド戦略の実践例　95

図表4-1　玉田工業の技術スライド戦略の整理

ターニングポイント（西暦）	発売時期	製品	きっかけ	事業化促進のポイント（"幸運"）	成果
1994年	1997年1月	防火水槽（アクアエンジェル）	町会長をしていた同社の技術者が「ガソリンタンク製造技術が埋設型の耐震性防火水槽製造に役立ちそうだ」との気づきを得た	1995年の阪神淡路大震災の際，玉田工業製ガソリンタンクで一切の油漏れがなかった→「玉田工業製のタンクは安全である」「地震にも強いタンク」という評判	同社の収益の1つの柱に成長
1994年	2009年2月	飲料水兼耐震性貯水槽（アクアインピット）	タンク技術を防火水槽に転用できるのであれば，飲料水用のタンクを作ることもできるという着想	同社顧問の後押しや地元支援機関のアドバイザーによる助言，地元大学の産学連携オフィス担当者による研究者とのマッチング	（価格が高いため）まだまだこれからの事業
1994年	2005年	地下収納庫（デポエンジェル）	ガソリン・水の地下埋設タンク技術で地下収納庫用のタンク（空気用のタンク）を作ることもできるという着想	国内工場内に地下収納庫を1基ずつ埋めて1年間，毎日温度や湿度などを測定してデータを収集した／メンテナンス・スタッフが導入顧客を訪問し，情報収集	まだまだこれからの事業
2000年	2010年6月～2013年2月末	地下燃料タンクの補修（タンクライニング）	老朽化したタンクを入れ替えるほどの予算を捻出できないという顧客の要望	2010年6月の消防法の改正により，埋設40年以上のタンクの補修が義務付けられた	2013年2月末まで同社の主力事業の1つに
2005年	2011年	ドクターヘリの給油システム	知人（後に顧問）が給油設備システムの事業化を提案	同氏が，給油システムの事業化に必要な知識・技術を移転	国内シェア70%にまで成長
2007年	2011年4月	汚染水タンク	東京電力に防火水槽を納入していた→緊急に汚染水を入れるタンクが必要となった	玉田工業製タンクの強度・紫外線に強い・塩分に強い／ステークホルダーの協力	2011年8月までの主力事業

玉田工業の技術スライド戦略の5つのターニングポイントやその後の事業展開をまとめたものが**図表4-1**である。

(3) 技術スライド戦略から得た効果や意義

それでは，玉田工業は数々の技術スライド戦略からどのような効果を得たのだろうか。それぞれの技術スライド戦略1つ1つの効果を確認する。

第1の技術スライド戦略で開発された防火水槽である「アクアエンジェル」では，結果的にではあるが特石法の廃止により低迷したガソリンタンク事業の穴埋めをする事業として成長している。すなわち，事業のリスクヘッジの手段となったことである。同事業が軌道に乗るのが想定よりも遅れたことで，玉田氏が表現する「どん底」の時期があったものの，その後の同社の業績を支える1つの主力事業となっているのもまた事実である。

アクアエンジェルに関しては，確かに「予期せぬ結果」「意図せざる結果」が発生していた。たとえば，阪神淡路大震災でコンクリート製の防火水槽が機能しなかったことで，防火水槽がコンクリート製からSF二重殻タンク製に置き換わるきっかけとなった上に，この製品が後に，東京電力柏崎刈羽原子力発電所の防火対策として導入されることになった。

そしてアクアエンジェルの納入実績が，さらに後の東京電力福島第一発電所の汚染水タンクの受注に結びついていく。1つの技術スライド戦略が，事後的に振り返ると，いくつもの事業展開や，次なる技術スライド戦略へとつながっていっているのである。まさしく，意図せざる結果や事後的合理性が確認されているのである。

第2の技術スライド戦略で開発された飲料水兼耐震性貯水槽である「アクアインピット」は，一度開発を中断したり，開発に時間を要したものの，また，耐圧タンクであるために導入価格が高いという課題を抱えながらも，同社に新たな技術的進歩をもたらしている。それは，水道水をタンク内部で均一に循環させる流体学に関する知識をもとに技術的課題を解決したことや，タンクに耐圧性を持たせる技術を取得したことである。

また，このプロジェクトは後に地元の支援機関の協力を得たり，産学連携として進められたり，多様なステークホルダーを巻き込んで成功させたことから，地元でのネットワークが強化されることとなった。事実，産学連携相手であった金沢工業大学は，共同で開発したこのアクアインピットを大学構内に導入している。

さらに，このような産学連携を通じて，共同研究を行った工学系研究室の卒業生が入社するという産学連携当初は予期していなかった効果も確認されている。このような人材の入社は，同社のことを知り尽くしている上，入社後に携わる業務が明確であること，そして，何よりも大学教員のお墨付きがある。これらのことも含めて，同社の今後の技術を担う人材として期待されている。

第3の技術スライド戦略で開発された「デポエンジェル」は，まだまだ事業が軌道に乗っているとは言いにくいものの，同社のタンク技術に新たな技術的進歩をもたらしていると判断することができる。また，タンク事業の展開可能性を考える上で，そして，用途開発を考える上で異なる事業領域を探索するという行動は，今後の同社の事業展開を考える上でも肝要なことであるだろう。そして，技術スライド戦略が軌道に乗るまでには，時としてタイミングを待つ必要があるという教訓をもたらす技術スライド戦略の事例であるといえよう。

第4の技術スライド戦略で開発された「タンクライニング」事業は，技術ストレッチ戦略に極めて近い戦略であるとも判断することができるが，既存のタンク製造技術を基盤に補修という異なる事業に展開している。新たな業務の事業化に際しては，顧客の声・現場の声を聴き，そこから「いかにしてそのニーズを満たすべきか」に関する示唆が得られる事例であるといえよう。技術スライド戦略において，顧客の声を聞くことが1つの解決策となる可能性があることを表している。

第5の技術スライド戦略で開発された緊急患者搬送用ドクターヘリ給油システムは，ヘリコプター給油システムを手がけていた専門家が入社するとい

う幸運に恵まれていた。しかし，これは，まったくの偶然の賜物ではない。同社の日頃の戦略や事業活動に対する「理解者」，すなわち，ステークホルダーがいたためである。

　第6の技術スライド戦略で汚染水タンクのプロジェクトをやり遂げた成功要因について，同社の取締役は，「このプロジェクトは玉田工業だけでやり遂げたわけではなく，関係各社の方々が「全面的に協力する」と言ってくれた。玉田工業だけの力でやり遂げたわけではないことを実感する」と強調している。また，代表取締役の玉田氏は，「日頃から付き合いをしている仲間が協力してくれたのは，日頃の当社の考え方や行動が大事で，これが間違っていなかったということではないか。今に始まったことではない"下地"，そして，日頃からの信頼の蓄積が，このような危機のときに生きたのではないか」と強調している。

　これらの発言からもわかるように，日頃からの同社の基本的方針を理解するステークホルダーや人的交流などが，このような幸運に結びつくことがあることを示している。すなわち，この技術スライド戦略からは，人的つながりの重要性を示しているといえよう。

　また，タンクの製造技術という中核技術のみならず，その周辺領域をシステムとして設計し，受注することで，タンクを製造する以上の付加価値を追求することができることを表した1つの事例であるともいえよう。事実，2016年度の同社の決算において，システム設計およびその建設工事が売上の約45％を占めていることがそれを如実に表している。

　技術スライド戦略は展開する新たな事業領域において，その事業領域の実績がない状態から顧客を開拓し，関係を構築する必要がある。しかし，この事例のように，技術スライドする事業領域に精通した人材を獲得できるということは，きわめて幸運なことであったといえよう。それも，日頃から同社に対する理解者がいたからであるということは言うまでもない。

　第6の技術スライド戦略で行われた汚染水タンクも，原点は，防火水槽「アクアエンジェル」の取引にたどり着く。何が次の仕事に結びつくか事前

にはわからないという事後的合理性を示唆する戦略の1つであるといえよう。また，このプロジェクトは，社会的重要性や役割を強く認識させる事例でもあり，結果的に同社の知名度・認知度を飛躍的に高めた。2011年6月4日20時に完成した汚染水タンクを経由地である福島のJヴィレッジまで運ぶ第一便の様子は，多くのマスコミが訪れて取材し，全国的に報道された。その映像は，YouTubeでも確認することができる。

　また，この技術スライド戦略の成功は，事業を円滑に遂行させるためには，やはり，ステークホルダーとの関係性の構築が重要であったことを示唆するものである。そのような意味からは，戦略を遂行する際には，第5の技術スライドの戦略と同様に，同社の日頃の戦略や事業活動に対する「理解者」の存在がきわめて重要であるということが理解できる。

　この技術スライド戦略では，副次的効果も確認されている。それは，無理難題かつ社会的貢献を成し遂げたという経験が従業員の一体感を高め，玉田工業への帰属意識が高まったことである。

　プロジェクトに関わった従業員の声を聞くと「営業がまず，大変な時期に関東工場に来て，やれることを手伝いしてくれたので，製販一体を本当に体験できた。製造の工員にしてみれば，営業マンも手伝ってくれたということで，会社全体での一体感が生まれた」「同じ会社にいても，普段，工場の人ともほとんど話す機会がなかったし，これまで接点がなかった人ともプロジェクトを通して仲良くなったりして，仕事のことで確認や質問をしやすくなって作業がやりやすくなった。お互いの連携も良くなった」などと口を揃える。また，同年に入社した5名の新入社員[18]は誰一人として辞めていない（2016年12月現在）。

　それぞれの技術スライド戦略から同社が得た効果を振り返ると，事前には想定していなかったさまざまな波及効果，すなわち，意図せざる結果や事後的合理性があったと確認することができる。また，自社の技術の強みを活かして技術スライド戦略を実践することは，実は，自社だけの力で達成されるものではなく，ステークホルダーをはじめとしたさまざまな関係性を通して

実現されるものでもあることが示唆される。いつどのタイミングでどのような幸運やチャンスが訪れるのかは事前にはわからない。だからこそ，玉田工業の技術スライド戦略の数々は，日頃の心構えや企業行動，取り組みが重要であることを如実に表した事例であるといえよう。

CASE 4 | 株式会社 クロスエフェクト[19]

(1) クロスエフェクトの企業概要とこれまでの事業展開

クロスエフェクトは，2000年に創業，2001年に京都市伏見区で設立された，主に3Dのモデリングや光造形の試作を手がける企業である。もともとは，自動車部品や産業機器部品の試作品を受注していたものの，その後，光造形技術や成形加工方法などの技術を医療の領域に事業を展開し，臓器模型の開発を手がける企業へと成長した。

同社の強みは，試作品開発のスピードにある。最も速い納期を達成する同社のプランでは，図面データを顧客から預かってから24時間以内に製作して顧客のもとに発送することができる社内体制を整えている。試作品は開発スピードがものをいう。試作の開発が遅れてライバルメーカーに先を越されたら元も子もない。したがって，スピードが競争力の源泉になると代表取締役社長である竹田氏が考えたためである。そのようなプランを利用した顧客からは「とにかく尋常じゃない速さ」との評価を得ている。

同社が創業したとき，竹田氏は京都試作ネット[20]のドアをたたいた。京都試作ネットとは，京都に拠点を構える複数の中小・中堅企業が共同で試作品および製造を受注するための協同体である。当時，創業したばかりの竹田氏が，たまたま京都試作ネットの記事が新聞に出ていたのを目にしたからである。同社が京都試作ネットのメンバーとなることで，試作業務を受注する1つの窓口を確保しようとしたのである。一度目はメンバーとしての入会は断られる。しかし，勉強会の場への参加が認められた。ここで，ピーター・ド

ラッカーの著書を教科書として[21]，企業経営について学び，経営者としてかくたるべきかを3年間，しっかりと考えた。その後，準会員期間を経て，2004年6月，正会員としての加盟が認められた。

　同社に限らず，京都試作ネットのメンバーにとって，京都試作ネットの活動の場は，「経営者が汗をかいて勉強する場」であると認識している。この点が，収益の源泉としての業務を得ることを目的として参加する一般的な共同受注の場とは大きく異なっている。京都試作ネットのメンバーは，「自社では自らやろうとしていなかった，気づいてもいなかった経験を与えてもらえる場」「自社に欠けているものや足りないものを発見し，克服する場」「次につながる場」「自らの業務の"ストライクゾーン"を広げる場」「予定調和の解がない難問に試行錯誤して挑戦する機会を得る場」「顧客を創造する場」であると認識しているのである。

　竹田氏もこの場をそのように位置づけて参画している。京都試作ネットを通して得た業務が新たな事業のヒントとなることも少なくないためである。竹田氏は「京都試作ネットの場は次につながるし，自社のストライクゾーンが広がります。ストライクゾーンが小さくてこの中に"すぽっ"と収まる仕事なんて世の中には少ないのです。だから，ストライクゾーンを広くする努力が必要で，京都試作ネットでの活動は，大やけどや大損しながらも，このストライクゾーンを広くするための機会なのだと認識しています」「当社は100％試作の会社なので，誰もやったことがない，答えがないものを仕事として請けています。それにもかかわらず，予算と納期だけが決められています。そうしたら，顧客がびっくりするくらいの価値を上げないといけないのです。京都試作ネットは，それを実験する場です」と語る。

　すなわち，同社および京都試作ネットのメンバーにとって，京都試作ネットでの活動は，1つの技術スライド戦略を探るための場であると位置づけられていると理解することができるのである。

(2) 技術スライド戦略のターニングポイント

　クロスエフェクトの技術スライド戦略のターニングポイントは，2005年に訪れた。地元の支援機関の担当者からもたらされた。「京都府立医科大学の先生（医師）が，柔らかい心臓を作ってくれる業者を探しているのだけれど，一度，話を聞いてみないか？」という話だった。話を聞いてみると，「心臓疾患を持つ赤ちゃんの心臓をCTスキャンしてデータを取り，本物に近い心臓を作れないか？　事前に執刀医が練習できれば，100人に１人の割合で生まれてくる心臓疾患の赤ちゃんの命を救える」ということだった。ミッションの高さ，社会的必要性は十分に理解できる。しかし，このとき，竹田氏はこの依頼を断った。この頃，念願の京都試作ネットに加盟したばかりで，京都試作ネットに参画するベテラン企業についていくのがやっとの時期であったためである。

　また，これを事業化するまでには同社が多額の投資を負担しなければならないと判断したことも二の足を踏む原因となった。このときのことを竹田氏はこう振り返る。「この話をチャンスとして捉えることができなかったのです。"問題" として捉えてしまっていたのです」と。

　その４年後の2009年，再び，同社に技術スライド戦略を実践するターニングポイントが訪れた。以前に出会った京都府立医科大学の医師であった先生が国立循環器医療研究センターに異動した際，再び会う機会を得たのである。その時，その先生はまだパートナーとなってくれる企業を探しているということであった。このとき，竹田氏は，「どうやったらできるか考えよう。チャンスとして捉えよう。自社だけですべての開発費を負担するのは無理だけれど，開発費の一部は補助金をとるなどしたら何とかできるのではないか」と覚悟を決めたという。

　こうして，2009年８月，心臓シミュレータープロジェクトが始動した。開発のための主な原資は，経済産業省のものづくり中小企業開発等支援補助事業（試作開発等支援事業）で採択されたテーマ「ハイブリッド真空注型によ

る短納期・オーダーメイドの精密な小児心臓レプリカの試作開発」からであった。研究開発費用の3分の2を補助してもらえるものである。はじめは，豚の心臓を使って個体の様子を観察し，その観察をもとに，光造形のモデリングをしていくことから始めたという。

　しかし，いざ，医療業界というそれまでの顧客とは異なる業界の関係者とプロジェクトを始めると，医療分野の知識がなければコミュニケーションが成立せず，プロジェクトがなかなか進まないことを目の当たりにした。そのため，竹田氏をはじめとした同社のプロジェクト担当者らは，医学書を駆使しながら何とか意思伝達を行い，プロジェクトを進めていったという。

　プロジェクトの進行も一筋縄ではいかなかった。竹田氏は「CADとワークステーションを利用してデータを解析して製作を進める手順で進めたのですが，心臓の内側のデータまで取り込もうとすると，データが重過ぎてPCでは（膨大なデータを処理するのは）無理なのではないか？　と。冗談ですが，スパコンを借りてこないと駄目かな？　と言っていたほどです。今でも，データが重いので，処理に時間がかかって，ゆーっくり進んで，止まりそうになって…ということもありますよ」と，開発の苦労を語る（2014年1月24日の竹田氏へのインタビュー調査より）。

　こうして1年ほど経過した後，1つ目の試作品が完成した。「とりあえず，心臓らしいものができたので，医療機関の先生のところに持っていったら，ものすごい反響で，先生たちが興奮していたことを覚えています」と，竹田氏は振り返る。

　その後，京都府が単独で公募した京都企業戦略的共同研究推進事業に「短納期・オーダーメイドの精密心臓シミュレータ開発と事業化」というテーマで応募した。この補助金にも採択され，試作を作るための装置の購入や展示会出展にかかる費用，臨床実験のためのデータ収集などの費用を拠出することができた。

　このとき，竹田氏は，医療関連の事業を請けるための別会社「クロスメディカル」を設立している。標準化した成人男性の心臓のシミュレーターを

104

量産する部門とオーダーメイドの心臓のシミュレーターを製作する部門[22]を
つくり，本格的に医療業務を引き受ける組織体制を整備しようとしたのである。

　こうして出来上がった同社の心臓シミュレーターは，数々の賞を受賞する。
2013年には第5回ものづくり日本大賞の内閣総理大臣賞と，グッドデザイン
賞2013の金賞，2014年には第10回関西財界セミナー賞の特別賞と，第3回
MEDTECイノベーション大賞を受賞している。

　その後も，補助金制度などを活用しながら，心臓のシミュレーターのみな
らず，さまざまな臓器の開発にも取り組んでいった。その1つに肝臓のモデ
ルがある。実際の肝臓と同じ触感が求められるニーズについては軟質ウレタ
ン樹脂で提供し，また，肝臓のモデルを硬質の透明樹脂で造形して，内部構
造がわかりやすくなるように色づけすることで，実際の肝臓を説明すること
ができるようにした。

　さらに，癌に冒された肝臓（癌の部分を色づけ）のモデルを作成した。こ
のモデルで，実際の手術の際にどこに癌があるのかを確認しながらシミュ
レーションを進めることができるのみならず，手術で取り除いた癌細胞は，
肝臓のモデルから色づけされた癌細胞に該当する部品を1つひとつ取り除い
ていくことで，手術時の癌細胞の取り残しがなくなるようなモデルを提供し
ている。

(3)　技術スライド戦略から得た効果や意義

　同社が試作業務で培った光造形技術と樹脂製品を複製する成形加工のノウ
ハウを医療領域に転用する技術スライド戦略から得た効果は次の5つである。
　第1に，同社の事業領域が拡大して，事業のリスクヘッジが可能となった
ことである。それまで同社の試作業務は，主にモノづくり，すなわち，製造
業の顧客が主であったのに対し，医療関係者にまで顧客対象が拡大したこと
である。また，同社が最初に手がけた臓器は心臓のシミュレーターであった
が，心臓のみならず多様な臓器を事業化する可能性を秘めている。さらに，

心臓シミュレーターを開発した後に同社が開発した冠動脈吻合トレーニングシステムのように，心臓シミュレーターのみならず，より高度で難度の高い手術向けのトレーニングニーズが高く，その道具を開発する事業の可能性も大きい。

　医療用の製品に関しては，届出や許認可を受けなければならないものも少なくないなか，同社の開発したものはどれも法律上の「医療機器」には該当しない（『日経ものづくり』2014年7月号，31頁）。そのため，届出や許認可を出す手間や費用がかからず，届出や許認可を出していたら要するであろう承認・認可されるまでの時間を節約することができるという利点もある。

　また，心臓シミュレーターを開発したことで医療業界に参入することができたため，さまざまな情報を獲得する経路が確保されたことから，将来的には，医療機器製造業や医療機器製造販売業の許可申請を見据えた事業展開を選択する道も開けてきたといえよう。

　第2に，誰もがやったことのない難題を成功させた，そして，社会的に重要な課題であった心臓疾患を抱えた子どもの人命を救っていることからくる企業としての使命と自信である。京都試作ネットのホームページには「京都試作ネットの匠たち」というコーナーがあり，京都試作ネットのメンバーとなっている企業の従業員が紹介されている。このコーナーで取り上げられているクロスエフェクトの技術者は，「あなたにとってものづくりとは？」という質問に対して「社会貢献」と答えている。

　このことからも，同社が医療関係者に同社にしかできない必要不可欠な製品を提供しているという誇りをうかがうことができる。

　第3に，開発された心臓シミュレーターが，数々の賞を受賞して企業としての実績を形として残したことである。世の中に影響力や発信力のある賞を受賞することは，栄誉なことである。しかし，それのみならず，さまざまな波及効果をもたらすためである。

　第4に，第3の効果と密接に関連するが，マスコミなどでも取り上げられることで，同社の知名度や認知度が向上したことである。心臓シミュレー

ターは心臓疾患の子どもを救うという社会的意義が大きい事業であり，それ
ゆえ，社会的インパクトが大きい。同社が開発した心臓シミュレーターは，
これまでにもテレビ番組や雑誌にしばしば取り上げられている。テレビ番組
は，ニュースや経済系を扱う番組のみならず，医療ドラマにおいても手術
シーンなどの撮影のために貸し出されることもある。

　第5に，賞を受賞したり，マスコミに報道されたりして同社の知名度や認
知度が向上したことで，同社に多くの情報や相談がもたらされるようになっ
たことである。顧客が何を求めているのか，医療業界に何が求められている
のか，そして，これらの情報は，同社が次にどのようなものを開発するのか，
そして戦略的意思決定をするための重要な「情報」という保有資源となる。

■注────────────────
1　本項の記述の一部は，同社のホームページを参考にしている。
2　FRPとは，繊維強化プラスチックのことである。
3　消防法の法令改正や，その改正に伴って玉田工業がいかなる意思決定をしたのか
　の記述については，玉田工業の65年史としてまとめられた冊子『TAMADA』を参
　考にしている。
4　昭和30年代初頭は，一度，一重殻タンクを埋めてしまえば製造責任を果たしたと
　みなされたものの，1991年の消防法の改正により二重殻タンクが許可されたことで，
　タンクから油漏れしたらすぐに発見することができる機能を追加すること，そして，
　製造責任が問われることになった。
5　SSとは，Steel & Steelの略であり，二重にしたタンクの素材が両方ともスチール
　であることを表している。
6　SFとは，Steel & FRPの略であり，二重になったタンクの外殻をFRPで形成する
　ことを表している。
7　この法律が廃止された背景として，石油業界の規制緩和が挙げられる。
8　経済産業省資源エネルギー庁の統計によると，揮発油販売業者数（ガソリンの販
　売事業者数）は1991年度末には34,835であったのに対し，2013年度末には17,203に
　まで減少している。給油所数（ガソリンスタンド数）に関しては，1991年度末には
　58,285であったのに対し，2013年度末には34,706にまで減少している。
9　東日本大震災の際，東京電力福島第一原子力発電所の事故処理のための汚染水タ
　ンクのプロジェクトの詳細については，水野［2017c］を参照のこと。水野［2017c］
　は，ケース教材『「国難を救う！と，不可能を可能にした企業の挑戦と奇跡　3ヶ

月で370基の汚染水タンクを作り上げた玉田工業 "TK-絆プロジェクトF" の全貌』として開発されたもので，一般財団法人 貿易研修センター内の日本ケースセンターに登録されている（コンテンツID：CCJB-OTR-16014-01）。

10　英語が堪能な技術者で，消防法令の改正によってSF二重殻タンクが認可された際に玉田善明氏が三顧の礼で迎えてアメリカ視察に同行した１人で，その後，SF二重殻タンクの開発に貢献した人物である。

11　防火水槽の開発が完成し，「アクアエンジェル」を販売し始めた翌年，特石法が廃止された。先述したように，これによって同社の業績が急激に悪化したものの，この窮状を救ったのが「アクアエンジェル」だった。

12　玉田工業製のSF二重殻タンクが防火水槽としていかに安全であるのかを説得するために，営業担当者にはタンクのカットモデルを携えて新規顧客開拓させたという。

13　アクアインピットは，タンクの容量や埋設する地盤などによって，２種類の方式を使い分けているという。いずれも，産学連携で完成したものである。そのため，金沢大学方式と金沢工業大学方式があるという。

14　この事業は，地下収納庫を納入・設置して終了という商品ではなく，納入した後のメンテナンスや点検が不可欠なものでもある。そのため，販売後のフォローやメンテナンスに経費がかかることが事業拡大のボトルネックとなっている。2017年現在において，営業担当者が購入者の地下収納庫を回って，メンテナンスを事業化に結びつけるための情報を収集している段階であるという。本格的な全国販売するとなると，顧客への対応方法やメンテナンスの体制などを十全に整備する必要があり，それまでには，もう少し時間を要する商品であるという。

15　この法改正を受けて，短期間にタンクライニングの業務が集中して，玉田工業だけでは対処できないと判断した同社は，全国のFRP施工を得意とする企業を20社ほど集めて，まず，鋼製地下タンクFRP内面ライニング協会を結成した。その後，危険物施設のメンテナンスを手がける企業を集めて，一般財団法人ライニング工業会を結成した。このような組織を結成して，加盟企業には，タンクライニング施工の基準作業や手順書を提供し，FRPの材料は玉田工業から調達すること，そして，対価としてタンク１基のライニングに対してロイヤリティを徴収することで，急増したライニング作業を，ガソリンスタンド業界に混乱をきたすことなく進めようとしたのである。

16　発電所の火災およびその後の対応，そして，それが汚染水タンクの受注に結びついていった記述は，水野［2017c］を参考にしている。

17　その上，同社が蓄積してきたそれまでの技術において，地下埋設型タンクの製造は得意であるものの，地上据え置き型タンクの製造には不慣れであった。そのため，特に地上据え置き型タンクの設計には，苦心したという。

18　この５名の新入社員は，大学卒業後，同社に入社して１カ月間ほどの研修を金沢市の本社で受けた後，３カ月間，関東工場に異動して寝食を共にして汚染水タンク製造に関わった。

19 本項の記述の一部は，同社のホームページを参考にしている。
20 京都試作ネットの活動や詳細については，水野［2015］の第5章の3.2（227-255頁）を参照のこと。
21 発足当初から，京都試作ネットのメンバーすべてがドラッカーの思想を理解した上で京都試作ネットでの試作業務に当たっていた。京都試作ネットという仕組みを機能し続けさせるためにも，そして，この場の役割を理解するためにも，新規メンバーには，ドラッカーの著書を教科書とした勉強会を受講することを義務づけている。
22 この部門は，さらに，心臓疾患の子供の心臓のシミュレーターを作って手術前に執刀医にシミュレーションしてもらう業務を請けるための部署と，医療関係者がカテーテルや医療器具をプレゼンテーションで説明するときに使えるような臓器のシミュレーターを提供するための部署とに分けられた。

第5章

B2Cへの技術スライド戦略の実践例

　本章では，第2章で提示した技術拡張戦略におけるB2Cへの技術スライド戦略を取り上げることとする。

CASE 5	株式会社 近藤機械製作所[1]

⑴　近藤機械製作所の概要とこれまでの事業展開

　近藤機械製作所は，1947年に愛知県海部郡で主に機械部品加工を手がける企業として創業した。その後，部品加工のみならず，治具や金型設計，機械設計などを手がけるようになった。部品加工するのに必要な道具や装置を購入するのみならず，自社が必要としているものを自社で開発し，それを外販するようになったのである。その1つに，同社が20年ほど前に開発した円筒研磨機が挙げられる。同機械は，0.1ミクロン単位の加工が可能で，この精度の加工を維持し続けながら稼動している。

　同社が自社開発したこのような機械を使って精密加工領域の事業に本格的に参入しようと，2000年前後には，スレート屋根の工場を借りて加工精度の高い機械を設備した。ところが，スレート屋根の工場は，外気の影響を受けやすく，夏は温度が上昇しすぎて，逆に，冬は温度が低すぎて[2]機械稼働や加工精度に支障をきたしてしまう事態が発生していた。工場内の温度を一定にするために，建設会社に補修を試みたものの，工事期間中は工場内の機械

を移動させなければならないなどの制約のために断念した。

　そこで，自社でこの問題が解決できないかと対策を考えた。スレート屋根の下に断熱材を敷いて，それを止める金具を開発し，建設会社に設置を依頼した。このとき，開発した断熱工法を，サーモクリップ工法と名づけ，この建設会社と共同で応募した中部経済産業局の新連携事業に認定され，2017年現在は，地元のこの建設会社が事業を引き継いで展開している。

　このような対策が功を奏して，機械加工による0.1ミクロンの研磨が可能となり，当時，3.5インチのHDDの金型製作やプレス，組み付けの業務を受注することができるようになった。この業務を足がかりに，精密加工領域の業務の比重を高めていった。技術的に精度が高く，加工に難題がある依頼があっても，同社は断ることはせず，「やってみます」と引き受けてきた。その理由は2つある。それは，誰もが断るような難しい加工を引き受けることで精密加工の技術力を磨くことができたこと[3]，そして，既存の受注がいつ消滅するかわからないため，常日頃から次の業務を探し続ける必要性を認識していたことからであった[4]。

　そしてあるとき，同社と取引がある既存の顧客が同社を訪れた。治具および製造装置の設計と製造の依頼だった。その設計に関して顧客に提案したところ，「予算70万円なのだけれど，お試しに，これ（この素材），この精度で削ってみてくれない？」という要望につながった。その素材は難削材で，加工にはかなり苦労したものの，そして，結果的にもらった予算を超過した赤字の業務となってしまったものの，顧客の指定した精度で加工を完成させて納品した[5]。同社にとって，この業務は赤字となってしまったものの，この加工がきっかけとなり，結果的に航空機業界への参入を果たすことになったのである。

　そして，この部品加工こそが，航空機のジェットエンジン主軸のベアリング部品[6]だったのである。とはいっても，航空機のジェットエンジン衝撃吸収のためのベアリング部品加工を事業化するためには，さらなる多額の開発費用が必要となる。そのため，開発資金の一部は，ものづくり中小企業製品

開発等支援事業に申請するなどして事業化を進めていった。

　こうして，2009年1月には，航空機部品品質マネジメントの認証である
JIS Q 9100の認証を取得し，2011年8月には，航空機エンジンメーカーであ
るRolls-Royceのサプライヤー工場としての認定を受けるにいたった。そし
て，同社は，精密加工技術を武器に航空機部品業界への参入を果たしたので
ある。

　しかし，依然として，この当時，同社の業務の中核となっていたのは，自
動車関連の事業であった。

(2)　技術スライド戦略のターニングポイント

　自動車部品加工という既存の事業を収益の柱としながら，航空機部品など
の新たな事業領域の開拓を進めてはいたものの，景気の波は容赦なく同社を
襲う。2008年に起きたリーマンショックの際には，売上が75％も落ち込むほ
どの危機的状況に直面した。そのとき，近藤氏は「下請では食べていけない。
そもそも依頼がなければ仕事がない。待っていても駄目だ」と実感したとい
う。そこで，自社製品の開発に乗り出すことになった。遊休の設備を使って，
さまざまな試作品を作ってみた。犬のツメを丸める簡易な機械や複数の犬の
散歩時に絡まないリード，風呂の水を入れたまま浴槽を掃除する機械など，
近藤氏が興味を持っていること，自身にとって身近なものの開発から進めて
いた。

　きっかけは，同社の代表取締役社長である近藤豊氏[7]が専務取締役時代に
趣味の自転車レースに出場したことに遡る[8]。数万円もする自転車競技用の
ハブが4時間程度で壊れたのである。「なぜこの高価なハブが短時間で壊れ
たのか？」，それを調べるために，破損したハブを分解した。すると，自転
車のハブが運転中の摩擦や衝撃に耐え切れずに破損したことが原因であるこ
とが明らかとなった。こうして，自転車のハブを改善する余地があること，
そして，それには航空機ジェットエンジンの軸受けの衝撃吸収部品の加工技
術こそ活用できることに着目したのである。すなわち，航空機部品と同様に，

シャフトやベアリングにかかる振動や摩擦，衝撃の負荷を軽減することができれば，衝撃吸収や耐久性に優れた自転車用ハブを作ることができるとひらめいたのである。ここから新たな開発がスタートすることになった。

　自社製品開発の中でも，自転車用ハブの開発が，当時，航空機の部品開発や試作品製造の指導をしてもらっていた外部講師の目に留まった。その外部講師は驚愕し「この開発なら全面的に支援する！」という約束をした。

　以後，この外部講師にアドバイスをもらうこととなった。自転車用のハブ開発に際しては，航空宇宙業務に関する専門家を紹介してもらって講義を受けるなどして，素材や加工の仕方など検討し直した。試作品が完成すると，航空機の抗力を測定する機関に出したり，自社でも耐久試験のための装置を開発するなどして，実験を繰り返した。自社で開発した耐久試験装置には，100kgの加重をかけて３カ月間動かして10万キロの走行試験をする装置や，時速300kmの高速試験をする装置などがある。これらの試験を通して「タイヤはかくあるべき」というものが見えてきたという。

　このようにして完成した自転車用ハブは，「GOKISO」と名づけ，オリジナルブランドとして展開した。GOKISOの由来は２つある。愛知県名古屋市の御器所町にある御器所八幡宮の名と，同社の会長と社長の出生地からである。同社のホームページのGOKISOの説明には，「一般市場向け製品を世に送り出す，この機を当社の新たな再出発の意をこめて，GOKISOとしました」と書かれている。

　自転車には２つのハブが備え付けられる。前輪を支えるフロント・ハブと後輪を支えるリア・ハブである。完成したGOKISOは[9]，航空機の主翼などに使われる超々ジュラルミンのA7075T73を利用している。

　この素材を採用することによって，回転抵抗を削減して耐久性を向上させることを可能とした。フロント・ハブに組み込まれている技術は，航空機に利用される深溝シールドベアリング機構と衝撃吸収弾性体サスペンション，球面形状ナットワッシャーが挙げられる。ベアリング機構の構造により，回転の際に発生する振動が小さいために超低摩擦を可能にし，滑らかな車輪の

回転を実現することができるように工夫されている。

　サスペンションの構造は，体重や路面の凸凹による振動をバネの動きで衝撃吸収することによって，シャフトとベアリングを安定させ，回転にかかる負荷を回避することを可能にした。ワッシャーは，接地面の角度を球面上に自由に変えることができるために，フレームに沿ってフランジのゆがみを吸収して，シャフトが真直状態を維持することを可能にした。これによって，回転精度を高めることを可能にした。

　リア・ハブに組み込まれている技術は，シャフトの厚みを一般的なものの約5倍にして剛性を高めることや，摩擦抵抗の少ない精密機械用の直径2mmのシールドベアリングを採用し複数搭載することでハブへの力のかかり方を分散させること，回転エネルギーに影響を与えない衝撃吸収構造を採用したこと，4本の爪で92等分という特殊なラチェットを開発し，遊びの角度を減らして駆動ロスを軽減したため，ユーザーの踏み込む力に敏感に反応できるようにしたこと，などが挙げられる。

　このような機能を兼ね備えたGOKISOは，フロント・ハブの重量が240g，リア・ハブの重量が455gとなった。この重量は，一般的なハブと比較すると2倍程度の重量となっている[10]。自転車部品の軽量化を追求することで自転車のスピード・速さを競うことが「常識」となっている自転車業界において，重量の観点から判断すると同ハブは「非常識」な部品としてみなされることもあるほどである。

　しかし，GOKISOは300kmの時速にも耐えることができ，0.5gの力を加えただけでも車輪のホイールが回り始める。そのため，こぎ出しの軽さ，スピードの乗りやすさ，走行時のスピードの維持，乗り心地，運転の快適性を実現している[11]。すなわち，同社は，この業界の「常識」である重量よりも回転性能と加速度，そして，耐久性を重視したのである。

　自転車用ハブ「GOKISO」が発売されたのは2010年2月のことであった。自社製品の開発に着手してから2年が経っていた。GOKISOの標準的なハブの標準小売価格は21万円（税抜き価格，2014年10月現在）である。一般的な

自転車用ハブと比較しても高額であることに加え[12]，重量も重たい。それまでの自転車業界は，部品の性能を重さで評価していた。すなわち，ハブをつけたホイールの評価を回転抵抗数ではなく，単純に重量という数字で表されていたのである。このような業界において，GOKISOの販路開拓は簡単ではなかった。主にB２Bで事業を展開してきた同社にとって，はじめてのB２C事業の展開である。その上，展開する業界が自転車という初めての事業領域での挑戦である。販路開拓は一筋縄ではいかない。

しかし，同社は，部品の性能を実際に試してもらってGOKISOの価値を理解してもらうしかないと考えた。ペダルのこぎ出しの軽さやスピードの乗りやすさ，スピードの乗りやすさ，走行時のスピードの維持，乗り心地，運転の快適性には絶対の自信があったからである。そのため，日本全国の自転車販売店を回ってGOKISOの営業を行い，試乗自転車を置いてもらうことや，展示会に出展して，GOKISOを搭載した自転車に試乗してもらうこと，イベントを開催すること，工場見学を実施することなど，地道な活動をひたすら続けることで，少しずつユーザーを獲得してきた[13]。

こうして，2014年には，同社の売上の３割程度を占めるほどの自社製品となった。取締役会長である近藤信夫氏は，「将来は，（自転車用ハブのみならず）自転車すべてを作りたい。自転車業界では異端児なので，特殊な自転車を」と夢を語る。

(3) 技術スライド戦略から得た効果や意義

同社がGOKISOを開発して自転車業界に参入した技術スライド戦略から得た効果は，次の３点である。

第１に，自社製品を開発する目的であった事業のリスクヘッジになったことである。結果的にではあるが，GOKISOの売上が，2014年には同社の売上の３割程度を占めるほどの自社製品になったことからもうかがえる。また，同社は，確かにB２BからB２Cへの事業展開には苦労したとはいえ，結果的に事業領域のリスク分散にも寄与している。

第5章　B2Cへの技術スライド戦略の実践例　115

　第2に，重量の重いハブといった業界の常識を覆す製品を開発したことで，自転車業界に破壊的イノベーションをもたらしたことである。取締役会長である近藤信夫氏が「自転車業界の異端児」と表現するように，同社のハブは，自転車ライダー間においても大きな話題となっている[14]。その話題性からも，自転車の専門誌などで記事に取り上げられたり，自転車ライダーをターゲットにしたテレビ番組に取り上げられたり，自転車の著名なレースの1つであるツール・ド・フランスのプロモーションビデオに取り上げられたりもしている。また，展示会への出展要請が寄せられることも少なくないという。

　第3に，従業員への副次的な効果である。それは，従業員が実際の自転車の展示会等で直接顧客と接して，驚かれ，実際に評価されることで，モノづくりの喜びを味わったことが挙げられる。また，このような顧客からの反応がある業務に会社が携わっているということで，離職率が減ったこと，また，従業員の仕事に対する姿勢も大きく変化し，本来の仕事の品質もさらに向上させることができたこと，さらには，求人応募者数が増えたことが挙げられる。実際に，取締役会長の近藤信夫氏は，「今では自転車に乗る社員も全体の半数以上となり，社内の雰囲気も明るくなったことが一番の喜びである」と語っている。

> ## CASE 6　川並鉄工 株式会社[15]

(1)　川並鉄工の企業概要とこれまでの事業展開

　川並鉄工は，1904年に創業し，1964年に設立された京都市南区に本社を構える大型機械部品の精密金属切削加工を手がけている。加工する材質には，鋼材やアルミニウム[16]，ステンレスのみならず，銅や真鍮，インコネル・ハステロイなどの難削材，炭素繊維などが挙げられる。100年以上の歴史を有する同社は，もともと，鍛冶作業建築金物製作を行っていた。その後，工作機械の製造などから，次第に遊戯運動器具の開発や製造，および，公園や動

物園の施工を行うようになっていった。開発した遊戯運動器具の中には，ロープウェーやゴーカート，ブランコ，滑り台，ミニ鉄道などの製造，そして，設置業務もあった。その傍ら，地域への社会貢献の一環として，近隣の小学校に鉄棒や朝礼台といった必要な備品を製造して寄付していたこともあるという。

　代表取締役である川並宏造氏は，父の後継者として同社に入社するも，事業承継のプロセスで同社に長年勤めていた職人らとの間に軋轢が生じたこともあって，事業承継がすんなりと進んだわけではなかった。しかし，先代社長の父が死去したことをきっかけに，社長として川並鉄工の事業を引き継いでいくことを決意した。川並氏は子供の頃より，美術・アートに興味を持っていた。しかし，長年，アートにかかわるものを事業化することができるとは考えていなかったという。社長に就任してからも，趣味で美術館や展覧会などをめぐってはいたものの，それは個人の趣味の範囲内のことであった。

　取引銀行の勧めもあって，京都市にある機械金属を手がける企業の後継者や若手スタッフが集う京都機械金属中小企業青年連絡会（以下，機青連と略す）という任意団体[17]に入会した。「人間がキカイをつくるのだ！　という原点に立ちつつ，時代と環境に適応した人間尊重の企業づくりをめざす」という理念のもと，地元機械金属を手がける企業間のネットワークである。京都の地で機械金属関連の事業を承継して活躍するメンバーを目の当たりにして勉強することがたくさんあったという。しかし，当時は同社の受注業務が順調であったこともあり，自社をどのように展開していくのか，事業をどのように発展させていくのかにまで目が向いていなかった。

　その後，機青連を卒業してOBとなったメンバーらと[18]，お互いに学び合うことを目的として共同受注もできる組織である京都試作ネットを設立した。後にクロスエフェクトが加盟した組織である。京都試作ネットのメンバーとして試作業務を遂行するプロセスで，プロジェクト・リーダーになるなどして経営者として汗を流していた。メンバー企業にも触発されていた。メンバー企業の1社は，工場の最新設備を利用して昆虫であるクワガタの模型を

作ることで金属の加工精度を表現し，それが2004年の森精機（現 DMG森精機）が開催する切削加工ドリームコンテストで金賞を受賞するなどの快挙を成し遂げていたからである。

(2)　技術スライド戦略のターニングポイント

　そんなある日，京都試作ネットの設立5周年記念事業の一環として，メンバー企業らと記念品の製造を企画した。着手したのは2005年のことである。メンバーらの保有施設を活用して，金属加工したオブジェを製造して配布したのである。この経験もまた，金属加工業務，そして，事業の1つとしてアート作品を製造することの発想が芽生え始めるきっかけとなる。

　「デザインデータから自前でやってみよう」と，2006年12月に思い切って3次元のCADとCAMを購入した。大きな投資であったものの，「やってみたい」という気持ちが先にあった。また，京都試作ネットのメンバーとして，知名度を上げるためにも，加工精度や特殊性を対外的にアピールするためにも，展示会で発表するためにも挑戦が必要だったということも背景にある。

　これらの設備投資をして早速，業務の合間にCADソフトを使って試しにプログラムをつくってみたり，練習として試作品をつくったりしていた。そのような川並氏に触発された若手の従業員がいた。このソフトウエアに強い興味を示し，面白がって勉強していた。毎日始業前の7時頃に出勤して，夢中になってソフトウエアを動かすようになっていたのである。こうして，後の同社の代表作となるアルミニウムの塊からハンガーにかかったジャケットを立体的に表現した作品「JACKET／ジャケット」が完成した。早速，京都試作ネットとして出展した展示会では，大反響を得ることになる。

　そんな様子をみていた京都試作ネットのメンバーは，川並氏にこの作品を森精機が主催する切削加工ドリームコンテストに出展するよう助言し，応募用紙まで渡した。川並氏は，森精機製の機械で切削したわけではないこと，そして，作品のサイズ規定外であったこともあり，応募を渋っていたものの，事務局に問い合わせると応募することに問題はないことが判明し，応募した。

その結果，2007年に金型・造形部門で金賞を受賞した[19]。2007年に金賞を受賞したことで，日刊工業新聞が記事にしてくれたり，同誌が発行している『型技術』にも掲載してくれたという。同社のこの作品は，広く認知されていくこととなる。展示会においても，来訪者に作品を印刷した名刺を渡すと「これ知ってる！」と言われることも増えていった。

　受賞してから半年後，アルファベットで"KAWANAMI JACKET"と検索してみたところ120件ほどのヒットがあったという。その中には，購入したソフトウエアを開発したフランスの会社が，ソフトウエアの宣伝もかねてインターネット上で紹介したり，それがまた転記されていたりしたものも含まれていた。また，CADやCAMの評価サイトでも賞賛されていたという。このような同社が製作した作品が世の中で評価され，大きな反響となっていることを従業員にも報告した。そして，確かに，3次元加工の技術の蓄積に確実に結びついていた。

　しかし，その一方で，現実的な課題があった。それは，このような作品は，1つ製作するだけでも数百万円単位での費用を要するということである。アルミの塊から削り出した作品「JAKET／ジャケット」1つでも，製作費に500万円ほどを要していた[20]。1つ製作するだけで数百万円するようなオブジェが事業に結びつく糸口は，このときはまだ見つからなかった。

　京都で毎年開催される美術系の大学が開催する卒業制作展に訪れたときのことである。パネルに複数の手書きの線が引いてある1つの作品に目が留まった。川並氏は，「ただ単に線が引いてあるだけなのに波のように見える」と感じたという。そして，そのとき，「板の上に溝を彫って描画ができれば，2次元での加工ができるのではないか。3次元加工で培った技術を平面に加工して，掛け軸やふすまにしたら，もしかしたら日本の市場で受け入れられるかもしれない！　新市場を開拓することができるのかもしれない！」とひらめいたのである。こうして，早速，開発に着手することにした。

　しかし，この開発は一筋縄ではいかなかった。彩色（カラー）と明暗（コントラスト）で表現された画像をどのようにして切削加工に置き換えるのか，

また，表現技術を習得する[21]のに困難を極めた。画像処理ソフトを使うだけでは画像から輪郭（アウトライン）を抽出することすらままならず，複数の画像処理ソフトを使用したり，一般的な加工ではあまり使われていないCADやCAMソフトの機能を組み合わせるなどして，彩色と明暗で表現された画像を切削加工で表現する実験を繰り返した。そして，撮影したデジタルカメラの画像をフォトショップで編集を続ける試行錯誤が続いた。

　直面した問題の解決の糸口は２つあった。2009年の秋，フォトショップのソフトで複数の写真をつなげて１つの作品にすることができる機能があることを知人に教えてもらったこと，そして，2009年の年末，恩師に挨拶に行ったとき，恩師が撮ったと見せてもらった一眼レフの写真に引き込まれたことにある。

　一眼レフのカメラで撮影した複数の写真をフォトショップでつなげて画像処理してCADとCAMで製作するという作品製作の基本的手順が整った。そして，一眼レフのカメラで撮影した写真を12枚ほどつなげて画像処理をし，屏風の作品を製作した。2010年２月のことである。結果的にわかったことであったが，この作品の成功のポイントは，カメラの画素数とダイナミックレンジ[22]，そして，加工する機械の精度が大きく関係していたのである。３次元の加工技術を平面状に圧縮してパネルや屏風に転写した作品を「刻鈑（KOKUHAN）」と名づけた。この作品のブランド名は，商標登録している。また，この製作で開発した技術で特許も取得した。彫刻の加工技術と照明の当て方の２つである。さらに細かな部分を表現するために，京都府の新規事業の補助金を得て，カメラやレンズを新調するなどして，表現技術を磨き，刻鈑ブランドの価値を高めていった。

　しかし，事業展開もまた，一筋縄ではいかなかった。インテリア・アートとして扱ってもらえるよう，建築業界に営業をかけるも，人脈も実績もなかったためである。「何とかして実績をつくる」。そのために，コンテストに応募したり，"お墨付き"を得るために補助金などに申請するなどしたのである。

これらの努力が実を結び，刻鈑の作品は，さまざまな賞を受賞する。2010年には京都デザイン賞の京都商工会議所会頭賞，2011年には京都デザイン賞と森精機が主催する切削加工ドリームコンテストの銀賞（金型・造形部門）を受賞した。

　さらには，京都商工会の支援を受けて，フランスのパリで開催された国際的な見本市として名高い"MAISON & OBJET"（メゾン・エ・オブジェ）への出展を果たした。この見本市は8つのホールがあるが，企業を対象にした出展で注目度が高いものは，ホール7に集められることになっている。同社の刻鈑は，このホール7で展示された。それほどまでに世界的な注目を浴びたのである。その後も，日本での展示会に出展したりと，作品の認知度を向上させるための活動を行ってきた。

　こうして，次第に刻鈑の認知度が高まり，百貨店でも取り扱ってくれるまでになった。引き合いも少なくないという。同社の技術スライド戦略は，時間をかけて徐々に軌道に乗ってきていることがわかる。そして，同社は，立体造形や刻鈑に続いて，デザイン性の高い作品の開発を続け，2014年にはアルミ製のパズルピース型のアートパネル[23]を制作し"PAZZDECO"というブランドを新たに立ち上げた。

　これらの作品の売上比率は，まだ全体の1割程度でしかないものの，利益率は他の事業のどれよりも高いという。川並氏が父から同社を継いだ時点では，アートにかかわるものを事業化することができるとは考えてはいなかったものの，長い時を経て，事業化することができたのである。

(3)　技術スライド戦略から得た効果や意義

　同社が技術スライド戦略から得た効果は，3つである。第1に，アートにかかわる事業は総売上の1割程度でしかないといえども，事業のリスクヘッジの手段となっていることである。利益率を高める工夫もしている。たとえば，データ処理を行って一度加工機械にセットすると後は出来上がるまで人手が不要であるということから，日中にデータ処理をしておいて，終業前に

加工機にアルミの板をセットしておくだけで，翌日の朝に出社すると作品が出来上がっているという体制をとっている。

　アートにかかわる事業の利益率が高いことは，川並氏の発言からも窺い知ることができる。「売上の1割といっても，利益が出ているし，鉄工所のメインの仕事の赤字をこちらでカバーしているくらいですよ」「この事業がなかったら今頃この会社はなかったかもしれません」と言及しているのである。

　第2に，B2Bの事業からB2Cの事業に展開することによって[24]，顧客の反応をじかに観察することができること[25]，そして，それが従業員のやる気に結びついていることである。CADソフトを導入したら，興味を持った若手従業員は，自ら自発的に始業時間前に出社して，プログラミングしていたことからもわかる。B2Cの事業展開を始めるときには，特に顧客開拓や販路開拓が難しい。しかし，賞を受賞したり，マスコミに取り上げられたり，作品に対する反響があることで，従業員の同社に対する帰属意識も高まっている。

　第3に，賞を受賞したり，マスコミに取り上げられたりすることで，企業の知名度が向上したことである。同社の場合，テレビ局が刻鈑の取材に訪れ，番組で取り上げられると，それを観た百貨店の営業担当者から連絡があり，百貨店に出店することが決まった。百貨店に出店したことで，大きな売上に結びついた。また，このような受注実績がさらなる引き合いを生んでいる。2017年6月現在も，複数の刻鈑を導入する案件の打ち合わせが進められているという。

■注
1　本項の記述の一部は，同社のホームページを参考にしている。
2　この当時，工場内の温度を一定にするために，年間300万円程度の冷暖房費がかかっていたという。
3　この同社の姿勢を如実に表すエピソードがある。ある大手企業が，加工精度の高い部品を引き受けてくれる企業を探していた。この部品加工は，複数の企業に断ら

れ続け，同社の取締役会長である近藤信夫氏の友人を介して，同社に問い合わせがきたという。何度試しても加工は困難を極めた。この時の心境を近藤氏は「"できない"ということが悔しくて，何度も何度もトライしました」と振り返る。しかし，2カ月かかって，やっとその加工に成功し，大手企業の担当者に連絡したところ「まさか，まだやっていたとは思ってもみなかった」と言われたという。しかし，「このような姿勢や精度・品質にこだわっているからこそ，仕事に結びついているのです」と，近藤氏は強調している。

4　この認識は，近藤氏の発言から窺い知ることができる。それは，「順調だった仕事が一瞬にしてなくなるということは珍しくないです。以前，設計した1機種の機械だけで7億円を超える売上がありましたが，それは一時のことだけで，案の定，この仕事はすぐになくなりました」「自動車レース部品も，売上が増えて喜んでいたら，メーカーがレースから撤退してしまって，一瞬でこの仕事がなくなりました」という発言である。

5　後日談であるが，顧客は，もともと同社に依頼しようとしていた素材よりも硬い素材を渡してしまっていたことが判明し，想定していたよりも硬い素材にもかかわらず，指定どおりの寸法で加工した同社の仕事ぶりに驚いていたという。

6　このベアリングは，航空機エンジンの衝撃を吸収するのに非常に重要な部品の1つである。

7　同氏は，近藤信夫氏の実弟である。

8　自転車用ハブの開発に関する記述は，水野［2017b］を参考にしている。

9　GOKISOの説明や技術的な詳細に関しては，同社のホームページ（http://www.gokiso.jp/ja/products/hub.htmlやhttp://www.gokiso.jp/ja/movies.html）を参考にしている。

10　「軽さが性能」と言われている自転車業界の最高級ハブの重量は，フロント・ハブが128g，リア・ハブが258gとなっている。

11　GOKISOのユーザーは「GOKISOを履いていると，あまりにも回転効率が高いため，自転車集団の中にいるとブレーキをかけなければ衝突してしまうほど」と語る。

12　自転車業界でも最も価格が高いハブだといわれていた自転車ライダーが憧れるというアメリカ製のハブの価格は，8万円から9万円ほどするという。その価格と比較しても，さらに高い価格で販売していることからも，GOKISOがいかに高価であるのかがわかる。

13　営業先のある自転車販売店の店長が自身も自転車ライダーであったため，GOKISOを気に入り，真っ先に購入した。そのお店には，28名のクラブメートがいたそうなのだが，その店長の自転車を見て，そして，実際に店長と走行して，すべてのメンバーがGOKISOを購入したという。

14　筆者の知り合いの複数の自転車ライダーにGOKISOの話をすると「知ってる。そのハブ，ものすごく話題になっているよ」という反応を確認している。

15　本項の記述の一部は，同社のホームページを参考にしている。

16　アルミニウムの中でも，航空宇宙用のA7075の材質に対する加工の受注実績もあ

る。

17 機青連は，1982年5月に発足した。主な活動としては，メンバーの工場見学会や勉強会，交流会などが行われており，地域の中小企業経営者，中小企業の次期経営者らがお互いに切磋琢磨する。

18 機青連では，組織の硬直化を防ぐために，そして，若手の活動する場を確保するために，45歳になると，メンバーとしての代表権を失う。これを「卒業」と呼んでいる。

19 翌2008年に応募した作品は，銅賞を獲得した。

20 そのため，このような作品を続けていた川並氏は「社長の道楽」と言われたことも少なくないという。

21 川並氏は，「表現技術のセオリーを得る」と表現している。

22 ダイナミックレンジとは，光を受けるセンサーが捉える明暗の範囲のことである。

23 パズルのピースの形をしたようなアルミ製のパネルを形や色ともに自由に，パズルのように組み合わせることができるものである。

24 ただし，実際に販売する売主としては，建築デザイナーやインテリア・デザイナー，ゼネコンのインハウス・デザイナーをターゲットにしているという。

25 顧客や鑑賞者のリアクションは，デザイナーやゼネコンを通して間接的にもたらされることもあるという。

第6章

顧客フィクスト戦略の実践例

　本章では，顧客フィクスト戦略の事例を取り上げることとする。

CASE 7	株式会社 ナベル[1]

(1)　ナベルの企業概要とこれまでの事業展開

　ナベルは，1964年に創業し，京都市南区に本社を構える鶏卵関連の事業に特化した装置開発を手がける企業である。鶏卵に関する事業において世界初の新しい技術を次々に開発し，業界初の装置を作り上げる。同社の代表取締役社長である南部邦男氏は「わが社は養鶏業界の工務部門」と表現するように，養鶏業者の抱えている課題を解決する，そして，顧客の要望を満たす装置の開発を心がけている。その根底には「こんなの作って，お客さんをびっくりさせたろ！」という気持ちが先にあるという。このような同社の姿勢が，業界初の装置の開発を次々に実現させてきた。その結果，鶏卵選別包装装置の業界では，日本国内では8割から9割のシェアを握り，世界でも2位の地位を築いている。

　同社は，代表取締役社長である南部氏の父が南部電機製作所として設立した。創業当初は，大手家電メーカーの下請け業務を手がけていた。大手家電メーカーから材料や指示書が渡され，指示通りに加工して，その加工賃を受け取るという仕事であった。当時，日中は同社の業務を手伝う傍ら，夜間に

は大学に通っていた南部氏は，「将来は自分の製品を作ること，そして，その値段は自分で決めること」を目標としていた。このような思いを抱いて，家業を承継することに決めたという。

　なぜ鶏卵選別包装装置なのか？　きっかけは，1970年代に遡る。自治会でお世話になった先輩が「卵のパック詰めの自動化の相談がよくある。だから，これを作ったら儲かる。でも，ウチ（その先輩が勤めていた大手電機メーカー）ではできない」と教えてくれたこと，そして，「今（1970年代）は，卵の自動包装機で"Made in Japan"のものがない。すべて海外製。だから（日本市場に合っている形状のものを開発してくれる）国産のものが欲しい」という要望があったことである。そこで，既存装置の特許を侵害しないように，既存の海外メーカーの装置を分析することから始めた。

　そして，1つの傾向がわかったという。アメリカ製の装置は卵の扱いが雑であったこと，そして，オランダ製の機械は卵の扱いが丁寧であったことが印象に残っているという。オランダ製の装置を分析していると，「うまいこと，考えたな！」「さすがやな！」という発見がたくさんあったという。こうして，オランダ製の機械から多くのことを学んだという。そうして，いよいよ，鶏卵選別装置の国産化に乗り出すことになった。1975年には超音波振動を応用して卵パックの蓋を密着する超音波シール機を，1979年には鶏卵の破損率を下げる制御技術を加えた鶏卵自動選別包装装置を開発して販売した。

　同社の事業展開，そして，日本でトップシェアになった理由を考える上で，1つの重要な転機となった「事件」が発生したことがあった。それは，鶏卵自動選別包装装置を発売してしばらくしてから起きた。あれほど特許を侵害しないように注意深く分析したにもかかわらず，アメリカのメーカーから特許侵害で訴えられたのである。同社に訴状が届き，京都に拠点を置いて中小企業を応援する弁理士の協力の下，和解することで難を逃れた。

　しかし，この一件で，同社は，特許をはじめとした知的財産権の重要性を改めて認識し，研究開発型企業として成長していくためには知財対策が必要不可欠であることを痛感したのである。以後，同社は，特許戦略を明確に念

頭に置いた開発を進めていくこととなった。2017年8月1日現在，国内海外合わせた特許の出願数は518件，登録特許は138件に上る。

「養鶏業界の工務部門」と謳う同社ではあるものの，これまでの同社の歴史で，一度だけ異なる領域の装置を開発したことがあった。それは，顧客であった農協から要望が寄せられたためである[2]。選別する要望があったのは，トマトであった。すなわち，一度だけ，技術スライド戦略を試みたのである。開発して1995年に販売し始めたトマト選果システムは1997年には日本農業施設学会で技術賞を受賞し，翌1998年には科学技術庁注目発明賞[3]を受賞した。

しかし，これまでとは異なる新たな市場である上に，閉鎖的な業界に新規参入する企業にとって，事業展開は困難を極めた。そこで，この技術をその業界で事業を展開していたトラクターなどの機械を製造するメーカーに売却した。それ以後，2017年にいたるまで，同社は技術スライド戦略を実践してはいない。もちろん，多くの業界から依然として多くの引き合いが寄せられている。しかし，技術スライド戦略を実践して，事業を多領域に展開させるよりも，鶏卵選別という自社が競争力を持つ部分に保有資源を集中させたほうが良いとの経営判断から，顧客フィクスト戦略を継続している。その背景には，「食のエネルギーとしての卵の需要は，決してなくならないだろう。それゆえ，同社の装置ニーズがなくなることもないだろう」という経営判断がある。

鶏卵選別包装装置の市場は，日本国内でも年間に40億円から50億円，世界規模でみても年間に200億円から300億円程度といわれている。いわゆる，ニッチ市場である。また，国内の養鶏業者数が今後，大きく増えるとは考えにくく，同社の今後の事業展開を考える上でも，海外への事業展開は非常に重要な戦略上の選択となる。同社の装置がはじめて海を渡って海外に届けられたのは1992年，届け先はマレーシアであった。マレーシアの販売リーダーが同社に接触に来たのがきっかけであった。2003年には，このマレーシアにおいてナベルアジアを設立し，製造工場を設備するまでになった。この拠点は東南アジア全域での事業展開を見据えての判断である。

また，2014年には中国の上海にナベル上海を設立した。両拠点とも，工場長や責任者に現地出身者を起用して事業展開を行っている。海外への装置販売は2017年現在，これまで60カ国の国々に販売し，海外へのマーケティングも積極的に行っている。

　しかし，すべての海外展開が，マレーシアや上海のように順風満帆に事業化できたわけではない。2008年にはブラジルに進出してナベルブラジルを開設したことがあったものの，商習慣の違いや事業に対する認識の違い，税制の複雑さ，政治腐敗による事業への悪影響が発生していたことなどから，5年間で撤退する決断をしたということもあった。

(2)　顧客フィクスト戦略の実践

　養鶏業者という顧客にフィクストした戦略を実践してきた同社は，それまでの業界に革新を起こす装置を次々と開発してきている。すなわち，養鶏業界に破壊的イノベーションを起こし続けてきているのである。同社の破壊的イノベーションを発売順に並べると，①定重量・定数量のパック詰め装置，②ロボットによる自動包装，③卵のひび割れ検査装置，④非破壊型異常卵自動検知装置，⑤タワー型全自動システムが挙げられる。しかし，開発に着手した順番は，これとは異なる。開発に着手した順番に並び替えると，①定重量・定数量のパック詰め装置，③卵のひび割れ検査装置，②ロボットによる自動包装，④非破壊型異常卵自動検知装置，⑤タワー型全自動システムである。同社は，いかにしてこれらの破壊的イノベーションを起こしてきたのか，本項では，開発に着手した順にそれを1つずつ確認していくこととする。

　第1の破壊的イノベーションのきっかけは，1983年に訪れた。九州で養鶏業を営んでいた顧客の1人が九州支店長に「卵をサイズ別に包装するのではなく，同じ重量でパック詰めができたら便利だから，ナベルで開発して欲しい」と要望を告げた。自然の産物である鶏の卵は，サイズも大きさもまちまちで，サイズ別に包装すると，特定のサイズの卵が在庫として残ってしまったり，あるサイズの卵が1個足りないだけでパック詰めすることができない

第6章　顧客フィクスト戦略の実践例　129

という事態が発生したりもする。また，時期や地域によって，売れる卵のサイズと売れない卵のサイズがある。売れないサイズの卵をパックしても利益には結びつかない。養鶏業者は，このような機会損失を何とか回避しようとしたのである。

　しかし，当時の九州支店長は，「そんなことできません」と断っていたという。その対応に業を煮やした顧客は「社長を呼んできてくれ。社長だったらわかってくれる」と伝えたことで，この要望が社長の耳に入ることとなる。そして，南部氏は，すぐにその顧客とコンタクトを取って話し合い，すぐさまこの開発に取りかかる意思決定をする。1年ほどで開発に成功したものの，選別部分のコンピューター・プログラムのアルゴリズムを根本的に修正する必要があったことから，開発から販売までに2年ほどを要した。

　完成した装置は，選別する範囲の卵のサイズを決めてコンピューター制御するものであった。重量は±10gの範囲で設定できるようになっている。鶏卵の場合，55g未満の小さな卵は入れないという設定をする機能もオプションとして開発した。

　こうして，1985年，定重量・定数量の選別を実現するコンピューター計量システムを搭載した装置は，鶏卵業界初の装置として発売された。装置の価格は決して安くはないという。南部氏が「値決めはとても重要です。ウチの機械は高いですけれど，お客さんがぎりぎり怒らない価格を設定することにしています。『高い。でもこの機能がついた装置は絶対欲しい。買わなきゃ仕方がない』と，苦い顔をしても納得して買ってくれる価格です」と強調する。

　同社が完成させた鶏卵業界初の装置は，顧客の声が原点となってスタートした開発であったこと，そして，「ナベルだったら話を聞いてくれるだろう。そして，ナベルだったらできるだろう」ということがきっかけとなっていた。同社は，顧客の意見に寄り添うこと，そして，顧客と同じ方向を向いて味方に，そして，顧客の伴奏者となることが，業界初の技術を開発する礎になると理解していたのである。

第 2 の破壊的イノベーションのきっかけは1987年に遡る。しかし，この
きっかけが破壊的イノベーションとして花開くまでには11年もの歳月を要し
た[4]。目的は，「目視検査をしていた卵のひび割れ，これを何とかしたい」
という養鶏業者のニーズにこたえようとしたことにあった。このニーズそのも
ものは，以前から確認された。同社も，いよいよこの課題に取り組もうと本
格的に乗り出したのである。ライバルメーカーや養鶏業界に参入しようと
思っていた企業らは，卵のひび割れを検知するためにはカメラ技術で解決し
ようと取り組んでいた。同社にはそのような情報が入っていた。

しかし，「養鶏業界の工務部門」と自負する同社は，カメラ技術でこの問
題を解決することは難しいことを認識していた。その理由は，現場を熟知し
ていたからである。卵のひび割れは目視で検査していたとはいっても，その
工程を直接確認してみると，作業者が目で卵のひび割れを確認していたので
はなく，経験とそこから培われた勘で「あやしい」と思った卵を，（目で確
認してではなく）力を加減して卵を軽く叩いて，その音を聞いて卵にひびが
入っているかどうかを確認していたのである[5]。

このことを現場からの情報で知っていた南部氏も「卵のひび割れは目では
見えない。だからカメラではあかん」と強く主張していたのである。した
がって，同社は「音」と「振動」をキーワードにして開発に取り組んだ。

実験してみたのは，洗濯板のような凹凸のある板を作り，この上を転がし
て，音の異常を検知したひび卵を取り除くシステムである。この実験ではう
まくいった。数個卵を実験機にかけると，ひび割れ卵を感知して取り除くこ
とができたのである。そこで，この実験機を1990年にアメリカのアトランタ
で開催された展示会に出展したところ，大きな反響を得た。

勢いづいた開発のプロセスはすぐに大きな挫折に直面することになる。実
験ではなく実際の現場に設置したところ，30分も稼動しないうちに，卵その
ものが割れてしまい，"卵の洪水"状態になってしまったのである。その上，
当時の設計では，装置の下にセンサーと振動探知機を配置していたこともあ
り，センサーも振動探知機も使い物にならなくなってしまった。よくよく考

えてみると，理由は明らかであった。実験の段階では卵の固体数個レベルを判別できればよかったものが，現場では1時間に数万個の卵を判別する能力が求められる。この使用状況に耐えうるものを開発する必要に迫られたのである。そのためには，抜本的な解決方法を考え出す必要があった。

　しかし，なかなかその糸口を見つけることができず，途方に暮れていた。思いついては実験をし，うまくいかなければ実験を中断，また新たなアイディアを思いついては実験をし…ということを繰り返した。このときのことを同装置の開発を担当した技術者は「卓上の実験とフィールド（現場）のテストはぜんぜん違います。ひび卵でもないのに不良として出てくるときもありました。壊れたか？　と思ったら，その卵が特殊な卵だったようで，これで，別の種の卵だとセンサーが誤認識することもあるのだということもわかりました」と振り返る。

　あるとき，綿棒のようなプラスチック製の小さなハンマーで卵の全周を軽く何回も叩き，その音をセンサーで検知するという装置の基本的な形にたどり着く。開発を始めてからここまでに5年を要していた。しかし，ここからの道のりも長かった。発生源がわからない振動の波長が現れ，その波長をどのように特定し，断ち切るのかの解の特定に困難を極めた。実験を繰り返していると，装置の稼働プロセスで発生する振動がハンマーに伝わってしまっていることが判明した。ハンマーは卵の全周を16個のハンマーで打診する形状になっていた。そのハンマーの先端も，棒の形状にするよりも，玉の形状にしたほうが同じ幅で卵を叩くことができる上，安定した音がとれることもわかったため，ハンマーにも改良を加えた。

　こうして，1998年，南部氏が強調する「苦節11年」を経て，ひび卵検査装置が発売されたのである。この装置は世界中から大きな反響を呼んだ。そして，アジア太平洋家禽学会最優秀賞を受賞した[6]。この装置開発のプロセスでは相当量の苦労を経験したものの，現在の同社の発展を支えた原動力の1つになったことは間違いない。

　第3の破壊的イノベーションの取り組みは，1993年にロボット型の自動包

装装置の開発に取り組んだことである。卵は，しばしばスーパーの特売の対象として安く売られていた。そのような背景もあり，長らく「卵は物価の優等生」と呼ばれ，（物価上昇の影響を受けにくい）卵の小売価格がほとんど変わらない商品とされてきた。これはすなわち，卵は量が出る商品であることを意味している。生産量が多い商品を自動化するというニーズは決して少なくない。営業から上がってくる情報を聞いて，そして，代表取締役社長である南部氏が顧客と接していて，卵の洗浄や選別，パッキング，そして自動倉庫への保管を大量処理する装置の需要も高いと考えたのである。ただし，自動倉庫までの装置を一気に開発する技術的ハードルが高かったこともあり，まずは，卵の洗浄と選別，パッキングの作業を行い，少量分（数百個程度）はストックすることができるというロボット型の装置を開発しようと着手したのである。

　この開発に反対したのは，社内の電気関係を担当する技術者だった。担当技術者らは「そんな複雑なもの，作れませんよ」と抵抗した。しかし，南部氏は，「お客さんが欲しがっているもの。これが開発できたら，お客さんは目を輝かして喜んでくれる」と説得して取り組んでもらったという。開発に困難を極めた部分は，コンピュータのプログラムで，新たなシステムのアルゴリズムを作るのに苦労したという。しかし，2年ほどの歳月を経て，1995年に開発に成功した。

　同装置は開発してすぐ，まだ1台も納入実績がない段階で，展示会で発表した。洗浄して選別した卵がコンベアの上に置かれ，ロボットがやさしくパック詰めをする。この実演をすると，出展ブースに黒山の人だかりができた。そして，早速，この場で契約が取れたという。それほどまでに鶏卵業界でこのような装置が求められていたことを表すエピソードであるといえよう。

　第4の破壊的イノベーションの取り組みは，1990年代後半である。卵は自然の産物であるがために，標準化された均一の品質をそろえることは簡単ではない。養鶏場で生み出される鶏卵の中には，血卵や無黄卵，みだれ卵[7]，腐敗卵などの異常卵も含まれる。これらの異常卵を人の目で検出する作業は

時間と労力を要する作業である。異常卵を自動で検知して，装置ラインから自動で外れる仕組みを備えた装置に関する養鶏業者のニーズがあることはわかっていた。

このタイミングで，養鶏業者が抱えるこの課題の解決に取り組むことにしたのである。異常卵を検知する原理はわかっていた。光を当てて分析して血のもとになるヘモグロビンを検知することのできる分光分析技術を組み込むことで解決できると考えたのである。幸い，京都市には分光器のメーカーがあり，この関係者に協力を仰いだ。実用化までには大きな課題が2つあった。それは，赤玉の卵の測定が難しかったということと，1時間に3万個から4万個にも及ぶ卵の全数検査体制をいかにして確立するかということであった。

完成した非破壊型異常卵検出装置では，検査した卵のデータをリアルタイムで集計し，血卵やみだれ卵，無黄卵の個数および異常卵排出率データをパネルで表示するようにした。同装置は2000年に販売を始めた。

第5の破壊的イノベーションのきっかけは，2004年である。ただし，その原点は，1993年にロボット型の自動選別包装装置の開発に取り組んだことに遡る。南部氏は，1995年に完成したロボット型の自動選別包装装置開発の先には，卵の洗浄や選別，パッキング，そして，自動倉庫への配送・保管を大量処理する装置の開発を見据えていた。

そこで，2004年のタイミングで，実際にこのタイプの装置の開発に着手し始めたのである。自動倉庫については，地元のメーカーの汎用品を活用した。鶏卵選別の装置と自動倉庫をつなぎ，自動で配送するシステムは，地元の自動倉庫を製造するメーカーと共同で開発に取り組んだ。

開発したシステムは実証実験が必要となる。それまで，同社が養鶏業界に起こしてきた数々の破壊的イノベーションとなった装置は，それまでは顧客である養鶏業者が1日の作業を終えた後に装置ラインのデータを取らせてもらって，改良点を探る作業をしてから発売してきた[8]。顧客の協力があってこそ，それまでの破壊的イノベーションが実現していたのである。

しかし，このときに開発しようとしていたものは，自動選別包装装置と自動倉庫をつないだタワー型システムである。フィールドで実験をするためには，農場すべてを巻き込む必要があった。すなわち，養鶏場から流れてきた卵を洗浄して選別した後に自動倉庫に搬入する一連の動作をテストしなければならなかったのである。そのため，養鶏業者にとってもリスクが高いテストであり，このシステムを試験的に導入することに協力してくれる養鶏業者はなかなか現れなかった。そこで，南部氏は，全農の知人に相談し，協力してくれる養鶏業者を紹介してもらって，選別機械や自動倉庫を同社が丸ごと請け負うことを条件にテストさせてもらうことにした。

装置を設備し，いざ試運転を始めると，現場は混乱を極めた。あらゆるところで問題が噴出してトラブルの対応に追われた。1時間に4万個選別されるはずなのに，2万個程度しか選別されない状況が発生したり，選別された卵が自動倉庫にうまく格納されなかったり，輸送する際にダンボールの軽さにトラックの運転手が違和感を持ったことで規定の数の卵がパック詰めされていなかったことが判明したり，と，さまざまなトラブルが次々と発生したのである。これが1カ月近く続いた。鶏卵選別包装装置と自動倉庫の試験的導入をしていた現場も同社内も混乱を極めた。南部氏は「あまりにトラブルが多いので，毎日のように『社長，会社を潰すつもりですか!?』と，責められ続けていました」と当時のことを語るほどである。

このような混乱を極めた試験的導入であったものの，2005年には「タワー型ストックシステム」として稼動することに成功した。その後，2013年には第5回「ものづくり日本大賞 製品・技術開発部門 優秀賞」を受賞した。そして，事業としては，南部氏は「このシステムは，今日のナベルを支えている主力商品になっています」と語る。

これが養鶏業者という顧客にフィクストした戦略を実践してきた同社が，業界に破壊的イノベーションを起こし続けてきた歴史である。この歴史をまとめたものが**図表6-1**である。

第6章　顧客フィクスト戦略の実践例　　135

図表6-1　　顧客フィクスト戦略の実践の整理

ターニングポイント（西暦）	発売時期	製品	きっかけ	事業化促進のポイント（"幸運"）	成果
1983年	1985年	定重量・定数量の選別機能を搭載した装置	顧客からの要望：「同じ重量でパック詰めする装置をナベルに開発してほしい」	顧客の要望を受けた九州支店長が断ったものの、顧客が「社長だったらわかってくれる」と社長にまで"声"（要望）が届いた	鶏卵業界初の装置として発売
1987年	1998年	ひび卵検査装置	顧客からの要望：「目視検査をしていた卵のひび割れ、これを自動化してほしい」	同業他社がカメラ技術でこの問題を解決しようとしていたのに対し、同社は、現場では卵を「叩いた音」（その時の「振動」）で判別していることに注目した	世界中からの反響／アジア太平洋家禽学会最優秀賞を受賞
1993年	1995年	ロボット型自動包装装置	顧客からの要望：「生産量が多い商品の包装を自動化したい」	解決すべき技術レベルが上がったため、社内の電気関係担当者らが反対→社長「お客さんが欲しがっているもの。これが開発できたら、お客さんは目を輝かして喜んでくれる」と説得	開発後すぐに契約に結び付くほどの反響
1990年代後半	2000年	非破壊型異常卵検査装置	顧客からの要望：「異常卵を人の目で検出する作業は時間と労力を要する作業である。自動で検知して自動でラインから外れる仕組みの装置が欲しい」	分光分析技術で解決することができると考えた→近隣の分光器メーカーに協力を仰ぐ	世界初の技術として話題に
2004年	2005年	タワー型ストックシステム（自動選別包装装置と自動倉庫をつないだシステム）	1993年に取り組んだロボット型自動包装装置の延長で、もともと卵の洗浄や選別、パッキング、自動倉庫への搬送・保管を大量処理する装置開発を見据えていた	試作装置を試験的に導入してくれる養鶏業者の協力（しかし、開発段階の現場では、混乱を極め、従業員に「社長、会社を潰すつもりですか」と連日責められていたこともあった）	今日の同社を支えている主力製品／2013年「ものづくり日本大賞」を受賞

⑶ 顧客フィクスト戦略から得た効果や意義

ナベルの歴史を振り返ると，同社は顧客が直面している問題や要望に耳を傾け，どのようにしたらそれらを解決できるのかの技術を一から取り組んで見つけ出し，解決しようとしてきたことが明らかになる。こうして，既存顧客により高い価値を提供する装置の開発を常に心がけ，実践してきた。このような顧客フィクスト戦略を遂行することで，同社が得た効果は，大きく5つ挙げられる。

第1に，顧客の声に常に耳を傾け，問題の解決や要望への対応をすることにより，そして，高価であっても顧客が納得して購入した装置が顧客満足に結びついていることにより，顧客との長期的な信頼関係に結びついていることである。そのような顧客との関係が成り立っているからこそ，養鶏の現場に入ることが許される。

（タワー型システムをテストするときには養鶏農場へのリスクが高すぎるゆえに渋られたものの）同社が新たな装置を開発する際には，顧客に養鶏現場を提供してもらってテストを繰り返すことが不可欠であった。同社の開発の特徴は，現場での実験や試行錯誤，改良を通して，開発した装置の付加価値をより高めていくところにあるからである。その際に実験する場を提供してもらえなければ，同社がこれまで築き上げてきた高付加価値の源泉となる装置開発プロセスの好循環を維持することができない。そのような点からも，顧客との信頼が構築されていることは，ナベルにとって重要な財産であると理解することができるのである。

第2に，第1の効果とも関係するが，顧客フィクスト戦略を実践し続けることによって，顧客や業界に関する情報が同社に蓄積されていくことである。すなわち，養鶏業界の情報が，同社の情報という保有資源となって同社に蓄積されていくのである。それは，南部氏が強調する「わが社は養鶏業界の工務部門」を実践するためにも必要不可欠の保有資源である。

第1の破壊的イノベーションとなった定重量・定数量のパック詰め装置の

開発のきっかけも顧客から寄せられた情報から始まっている。第2の破壊的イノベーションとなった卵のひび割れ検査装置も，同社に寄せられていた顧客が直面する課題という情報がきっかけになっている。第4の破壊的イノベーションとなった非破壊型異常卵自動検知装置も，長年，顧客を悩ませてきた課題があるという情報から始まっている。その上，卵のひび割れ検査装置を開発していたとき，現場を知らない，そして，現場の詳しい情報がないメーカーは，卵のひび割れを検知するためにカメラ技術で解決しようと開発に取り組んでいたが，現場の情報を知り尽くしている同社は，「卵のひび割れは目では見えない。だからカメラではあかん」ということがわかっていた。そのため，ひび割れがある卵を叩いたときに発生する音と振動で解決しようとした。確かに，開発に11年の歳月を要したが，結果として，同社の鶏卵選別包装装置メーカーとしての地位を不動のものにする装置となった。現場の情報なくしては成し得ない開発であったことがこのエピソードからも確認される。

　第3に，顧客が直面している問題を解決する，そして，顧客の要望を満たす装置を開発することで，それまで業界になかった世界初めての装置を生み出し，これが，同社の業界での地位を築くことに結びついたことである。すなわち，同社は，養鶏業界に次々と破壊的イノベーションを起こし続けることにより，それまでどこのメーカーも提供していなかった価値を創出することに成功したのである。また，これらの開発に成功することで，数々の賞を受賞し，また，さまざまなメディアに取り上げられるようになり，同社の知名度も向上したのである。

　第4に，第3の効果と関連するが，従業員の士気ややる気が向上することである。確かに，開発のプロセスでは，なかなかうまくいかず，最適解を導き出すまでには相当の苦労を体験してきている。しかし，開発に成功したときの喜びは何事にも代えがたい。その上，開発に携わった装置が，業界初の装置として評価され，賞を受賞したり，養鶏業者らから評価されることで，次の開発の励みにもつながる。他の従業員にとっても，自身が働く企業が対外的に評価されることで，モチベーションも向上する。

第5に，顧客の問題を解決する，また，顧客の要望を満たす装置は，南部氏が「『高い。でもこの機能がついた装置は絶対欲しい。買わなきゃ仕方がない』と苦い顔をしながらも納得してくれる価格」と語るように，高い装置価格を維持することを可能としている。高い価格でも顧客が購入してくれるために，同社の経営が安定すると同時に，次なる装置開発の投資に投入することが可能となる。すなわち，企業が発展する好循環を描くことが可能となるのである。

南部氏が「自社の儲けという意味ではなく，長期にわたって存続する会社・企業体質を作り上げるためには，やはり，値決めは重要です」と語るように，企業経営という観点からも，自社製品の価値を価格面で維持するということはきわめて重要なことであるといえよう。

■注
1　本項の記述の一部は，同社のホームページを参考にしている。
2　養鶏業者から運ばれてきた卵が，農協が設置していた卵選別機で仕分けられていたためである。
3　このとき，同社が科学技術庁注目発明賞を受賞するのは二度目である。一度目は，1984年に卵の移送速度封殺装置で受賞している。
4　しかし，南部氏が振り返るように，破壊的イノベーションとなった卵のひび割れ検査装置は，ナベルのその後の飛躍的な成長につながり，国内シェアのナンバーワンの地位を不動のものとする装置となったのである。
5　したがって，必然的に見逃しや担当者ごとの検知率のばらつきにつながってしまっていた。この検知率を上げるためにも，作業工程を標準化して自動で処理してくれる装置が求められていたのである。
6　この賞は，World's Poultry Science Associationにおけるアジア太平洋支部（Asia Pacific Federation）が設ける学会賞である。
7　卵黄部分が盛り上がった正常の状態ではなく，ドロッとした液体状になっている状態の卵のことを指している。
8　したがって，開発担当者は，フィールド（現場）での実験となると，勤務時間は夜間にシフトすることになる。フィールドでのテストは，地道なチェックが求められ，最終的な最適解を見つけるまで繰り返し探し当てていかなければならない。したがって，同社の技術者には，粘り強さやあきらめない気力，根気が求められるという。

第7章

戦略フレームワークの比較分析

　本章では，第3章から第6章にかけて取り上げた事例を整理（第1節）した後で，それぞれの戦略の本質がどこにあるのかを分析する（第2節～第4節）。その上で，本章のまとめとして，それぞれの戦略の比較を行うこととする（第5節）。事例企業のような，組織の保有資源をベースに展開する戦略論や創発戦略を踏まえて，第8章で"日本的経営"について再考する足がかりとする。

1 ｜ 7つの事例の整理

　まず，技術ストレッチの事例として，マスダック（CASE 1）と不二製作所（CASE 2）を取り上げた。マスダックは，焼き菓子製造装置メーカーであったが，顧客からの要望，すなわち，顧客からもたらされた情報という資源を得たことによって，同社が開発した自社装置を使って焼き菓子の製造受託を始めて，川下工程への技術ストレッチ戦略を実践することになった。技術ストレッチ戦略を遂行することによって，同社は，それまで焼き菓子業界で培ってきた情報という資源も同時に活用して，さらに製造受託によって新たに学習し，情報を蓄積して，自社が製造した装置の使い勝手や安全性，作業効率を考えた装置設計をより注意深く行うようになった。その結果，装置メーカーとしての競争力が向上し，企業ブランド力が向上した効果を実感している。また，焼き菓子装置を製造することのみならず，焼き菓子の製造委

託事業にも展開したことから，1つの事業収入のみに依存せず，収益を分散させることで，安定した経営を達成することを可能にしていた。

　不二製作所は，ブラスト加工の装置を開発して製造する企業であったが，日本ブラスト加工研究所を開設したことから，顧客から（ブラスト装置に関する相談ではなく）ブラスト加工の依頼が舞い込んだ。同社が開発したブラスト加工装置を使って実際のブラスト加工をすることで，川下工程への技術ストレッチ戦略を実践することになった。技術ストレッチ戦略を遂行することによって，同社は，新しい加工法の発明のきっかけとなることや，加工のプロセスで新たな気づきや情報，そして，知識が同社に蓄積されていくようになること，加工工程で体験した使い勝手を踏まえて装置改良や改善を加えることができることなどのメリットを実感している。また，ブラスト加工の工程も手がけることで，ユーザーとの接点を持つこととなり，ブラスト加工に関する追加的な情報が流入するという効果もあった。すなわち，同社の新たな戦略は，加工工程や顧客からの要望を通して，新たな情報や知識という資源を獲得するよう作用しているのである。

　次に，B2Bへの技術スライド戦略を展開した事例として，玉田工業（CASE3）とクロスエフェクト（CASE4）を取り上げた。玉田工業は，もともとガソリンスタンドの地下埋蔵型タンクの製造やガソリンスタンド建設を事業の柱としていたが，タンクの製造技術という同社にとって中核の技術を多業種に展開する技術スライド戦略を実践してきた。技術スライド戦略を実践するそもそものきっかけは，（特石法の規制緩和に端を発した）ガソリンスタンド業界の市場が縮小したことが挙げられる。シュリンクする既存市場以外に事業を展開して利益を確保する必要性に直面したのである。

　危機的状況に直面したことが発端となった技術スライド戦略ではあるが，技術をスライドさせる先（業界）を探索するプロセスを確認すると，大きく2つのタイプが確認されている。それは，1）社内外のステークホルダーからの要望や，それをきっかけにして展開先の市場で事業化する可能性があるかどうか，そして，顧客を1から新規開拓する可能性があるかどうかを勘案

して市場を見据えながら開発したステークホルダー発の技術のスライド戦略と，２）いわゆるテクノロジー・プッシュ型の展開，すなわち，中核となる技術が転用できそうな事業領域を見つけて開発した技術のスライド戦略とである。前者の戦略によって展開した同社の事業には，防火水槽「アクアエンジェル」の事業と緊急患者搬送用ドクターヘリ給油設備システム事業，汚染水タンク事業，タンクを補修する「タンクライニング」事業があるのに対して，後者の戦略によって展開した事業は，飲料水兼耐震性貯水槽「アクアインピット」事業と地下収納庫「デポエンジェル」である。

　そして，玉田工業の技術スライド戦略の展開プロセスを確認すると，自社内外のステークホルダーが果たした役割が少なくないことも確認された。防火水槽「アクアエンジェル」の開発は三顧の礼で雇用した技術者の気づきによって，緊急患者搬送用ドクターヘリ給油設備システム事業は先代から懇意にしていた知人からもたらされたことによって，汚染水タンク事業は従業員が「東京電力が汚染水タンクを手がける企業を探している」という情報を耳にして顧客であった東京電力を訪れたことによって，タンク補修の「タンクライニング」事業は顧客が資金的課題から節約したいという希望が寄せられたことによって，事業化の検討が始まっている。

　また，Ｂ２Ｂの技術スライド戦略を遂行することによって，同社は，市場規模がシュリンクする既存事業からのリスクヘッジを果たすことができたこと，汚染水タンク事業のように，新たに展開した事業が結果的にではあるが，さらに次の事業に結びついていること，これらの事業展開を通して従業員の働く意識の改革にもつながったことが確認された。

　クロスエフェクトは，もともと製造業向けの試作サービスを提供していたが，支援機関の担当者を通じて医療業界のニーズを知ったことから医療業界での業務を手がけることで，技術スライド戦略を実践した。それまでとは大きく異なる事業領域への技術スライドであったため，医療業界の担当者とのコミュニケーションをとることさえ困難が伴った時期があった。しかし，医療業界においては破壊的イノベーションともいえる，人の心臓と血管１本１

本にいたるまで同じ形と手触りを再現した心臓シミュレーターを開発することに成功し，事業化まで果たすことができた。

　そのきっかけは，医療業界から心臓シミュレーターのニーズという情報をもたらされたことにあった。この情報と同社の技術を掛け合わせて事業化を遂げたことで，医療という事業領域で事業を本格的に展開する足がかりを得た。また，同社が実践した技術スライド戦略によって，事業のリスクヘッジが可能になったのみならず，結果的にではあるものの，複数の社会的影響力のある賞を受賞したことで知名度や認知度が向上し，それによって，多くの相談や情報が同社にもたらされるようになった。すなわち，情報という同社の医療業界での事業展開を進めていく上で重要となる資源が次々に同社に流入するようになったのである。

　Ｂ２Ｃというかたちで技術スライド戦略を展開した事例としては，近藤機械製作所（CASE５）と川並鉄工（CASE６）を取り上げた。近藤機械製作所は，精密加工を生かした業務を手がけ，航空機のジェットエンジン衝撃吸収のためのベアリング部品加工の技術を保有していた。しかし，市場環境が低迷したことによって経営の危機に直面したことから，自社製品開発に取り組むことで技術スライド戦略を実践することとなる。さまざまな試作品を試しながら，結果的に，航空機のジェットエンジン衝撃吸収のためのベアリング部品加工技術を自転車用のハブに転用するという技術スライドを行うことで，Ｂ２Ｃの事業に参入することとなる。

　そして，この部品は，自転車業界に破壊的イノベーションを起こすものとなった。「軽さが性能」ということが自転車業界の「常識」である，つまり，顧客の自転車用ハブに対する評価軸が軽量しかない状況下で，同社が開発した自転車用ハブは，重量が重い。そのため，既存メーカーやユーザーの評価軸からはかけ離れた部品であった。しかし，同社の自転車用ハブの性能は，300kmの時速にも耐えることができ，0.5gの加重を加えただけでも車輪のホイールが回り始めるほど抵抗が少ない。そのため，こぎ出しの軽さ，スピードの乗りやすさ，走行時のスピードの維持，乗り心地，運転の快適性を実現

し，既存製品に大きく勝っている。とはいっても，自転車という同社にとって新たなB２Cの事業領域であるのみならず，新規参入企業が業界の「常識」からかけ離れた部品の販路を１から開拓することは容易ではない。しかし，同社は，自転車用ハブの性能を試してもらうことや，地道に日本全国の自転車販売店を回ること，展示会に出展して試乗してもらうなどして，少しずつ自転車ハブメーカーとしての認知度を高めてきた。

　同社がこのB２Cの技術スライド戦略から得た効果としては，事業リスクを分散することができたこと，破壊的イノベーションが話題となって逆に注目を浴びたこと，そして，自転車用ハブのユーザーと接することで，従業員の仕事に対する姿勢も変わり，仕事の品質を向上させることができたこと，求人応募数が増えたことなどの効果が挙げられる。

　川並鉄工は，大型金属の精密加工を手がけていたが，その当時，入会していた京都試作ネットのメンバーに触発されて，その大型金属の精密加工技術をインテリア・アート作品の加工に展開するというB２Cの技術スライド戦略を実践した。開発した特殊なインテリア・アート作品を事業化する道のりは長く，そして，容易なことではなかったものの，１つひとつハードルを乗り越え，５年以上の歳月をかけて事業化を実現させた。

　海外の展示会に出展したり，インテリア・アート作品を３次元の大型精密加工を平面で表現するという斬新さも評価されて賞を受賞したりすることにより，百貨店への出店要請につながるなど，少しずつ市場にも同社の製品が認知されてきている。同社の技術スライド戦略によって，同社の事業のリスク分散ができたことや，B２Cの事業に展開することでインテリア・アート作品を導入する顧客と接し，そのことで顧客の反応を直に感じることができること，結果的に複数の社会的影響力のある賞に受賞したことで知名度や認知度が向上し，さらにそれが，新たな引き合いを生んでいることなどが挙げられる。

　最後に，顧客フィクスト戦略を展開した事例として，ナベル（CASE７）を取り上げた。同社は，「養鶏業界の工務部門」と謳っているように，顧客

ターゲットを養鶏業者に絞り込み，彼らが直面している問題を解決する装置
や要望に応える装置を提供し続ける顧客フィクスト戦略を実践している。ど
のような技術が養鶏業者の問題を解決するのに最適なのかは，ア・プリオリ
にはわからない。それでも，どのような技術がフィットするのかを探し続け
るのである。そのため，なかなか解決の糸口となる技術が見つからず，開発
に困難を極めることもある。実際に，卵のひび割れ検査装置の場合には，開
発から発売までに11年を要していた。

　しかし，実験を繰り返しながら少しずつでも開発を続け上市された同社の
装置は，世界初・業界初のものとなる。養鶏業者のニーズをもとに開発され
た業界初の装置であるために，そのニーズが満たされており，養鶏業者が喉
から手が出るほど欲しいものとなっている。そのため，価格が高くても，養
鶏業者は装置を買うという選択肢しかなくなる。だからこそ，「『高い。でも
この機能がついた装置は絶対欲しい。買わなきゃ仕方がない』と，苦い顔を
しながらも納得して買ってくれる価格」（ナベルの代表取締役南部氏のコメ
ント）を維持することができるのである。

　また，顧客フィクスト戦略を実践する上で重要なものは，顧客から寄せら
れる，彼らが直面する課題や要望といった情報という資源である。この，情
報という同社の装置開発にとって不可欠な資源を手に入れるために，同社は
さまざまな工夫を行っていることが確認された。しかし，この顧客フィクス
ト戦略は，その市場規模が安定的に存在しなければ実践し続けることが難し
い。この点には注意が必要である。そのため，顧客フィクスト戦略を実践し
続ける事例を特定することは容易ではなく，本書における事例企業はナベル
1社にとどまっている。

　これらの事例企業を要点ごとに整理してまとめたものが次の**図表7-1**と
なる。

第7章　戦略フレームワークの比較分析　　145

図表7-1　　事例企業の整理

事例企業	本社	戦略展開のもととなった事業	戦略	戦略展開に重要となる主な保有資源	戦略遂行によって展開した事業	戦略展開の成果	戦略展開の困難さ
マスダック	埼玉県所沢市	焼き菓子（どら焼き）装置	川下型技術ストレッチ戦略	情報	装置製造から菓子製造	装置の改善（市場競争力の向上）／情報の流入	前提：顧客の承認／顧客との差別化
不二製作所	東京都江東区	ブラスト加工装置	川下型技術ストレッチ戦略	情報	装置製造から部品加工	装置の改善（市場競争力の向上）／情報の流入／新たな装置の開発	前提：顧客の承認／顧客との差別化
玉田工業	石川県金沢市	ガソリンタンク製造	B2B型技術スライド戦略	技術	タンク製造から防火水槽・貯水槽・汚染水タンク	新たな事業領域の開拓	事業を特定する
クロスエフェクト	京都府京都市	3Dのモデリングや光造形の試作	B2B型技術スライド戦略	技術	製造業向け試作業務から医療業界向け臓器のモデル製造・販売	新たな事業領域の開拓	事業を特定する
近藤機械製作所	愛知県海部郡	精密機械用装置および部品加工	B2C型技術スライド戦略	技術	航空機エンジン用衝撃吸収部品から自転車用ハブの製造・販売	新たな事業領域の開拓	販路開拓／新規顧客開拓
川並鉄工	京都府京都市	大型精密部品加工	B2C型技術スライド戦略	技術	大型精密部品加工からオブジェの開発・製造・販売	新たな事業領域の開拓	販路開拓／新規顧客開拓
ナベル	京都府京都市	鶏卵洗浄・選別・包装装置	顧客フィクスト戦略	情報	養鶏業者に対して次々と業界初の装置を開発して販売する	顧客に対する新たな価値の提供	最適な技術を特定する

2 │ 技術ストレッチ戦略の本質

(1) 技術ストレッチ戦略を実践するということ

　技術拡張戦略の中でも，技術ストレッチ戦略は，すでに保有している中核技術を同一業界の川上および川下工程に展開する戦略であった。技術ストレッチ戦略にとって重要な資源は，それまで業務を通して蓄積してきた知識や業界や顧客からもたらされる情報である。すなわち，技術ストレッチ戦略とは，中核技術を武器にして，それまで培ってきた業界のトレンドや市場ニーズ，業界の「常識」を十全に活用しながら，川上および川下工程に事業を展開するのである。その点では，技術ストレッチ戦略を展開する上で重要な保有資源は，情報であるということになる。

　ただし，事例から確認された，この戦略を実践する上で重要な点は，大きく2つある。それは，川上および川下工程にむやみに展開して既存顧客の事業を侵食するのではなく，ステークホルダーからの依頼がきっかけとなっていること，そして，技術ストレッチ戦略を実践することで既存顧客とのWin-Winの関係が築けていることである。

　技術ストレッチ戦略は，よくよく考えると，川上および川下工程の顧客の業務と事業が重複することを意味する。すなわち，技術ストレッチ戦略は，顧客であった主体が，同時に競争相手となる場合が少なくないのである。いったん競争相手となったサプライヤーにそれまでと同じように業務を発注しようとする顧客は，常識的には考えられないであろう。顧客は，競争力の源泉となる情報が漏洩することを恐れて，取引先を変更する意思決定をするか，あるいは，何らかの対抗措置をとる可能性が高まる。

　したがって，技術ストレッチ戦略を実践することは，既存顧客からの受注業務を失う諸刃の剣にもなり得る。そのため，業界の関係構造を考えると，その実践には十分に留意する必要がある。事例を確認すると，技術ストレッ

チ戦略を展開するようになったきっかけは，自社による戦略的意思決定が先にあったのではなく，顧客から寄せられた要望が先にあって，その上で技術ストレッチ戦略をとるという戦略的意思決定を行っている。顧客にとっても，当該企業が技術ストレッチ戦略を展開してもらったほうがメリットになるということが背景にあるのである。

　以上から，技術ストレッチ戦略を実践する際には，既存顧客とのWin-Winの関係が築けるかどうか，あるいは，既存顧客の業務や顧客ターゲットとの差別化ができるかどうかが戦略実践上の分岐点となるといえよう。

(2)　技術ストレッチ戦略の効果

　技術ストレッチ戦略は，顧客との関係性を踏まえた上で展開するかどうかの意思決定をすべきであることが明らかとなったものの，そのようなハードルを乗り越えて技術ストレッチ戦略を実践することによって，以下のような成果を期待することができる。

　第1に，同一業界の異なる事業領域に技術ストレッチ戦略を展開することで，当該企業に新たな気づきを得ることや異なる視点を持つ機会となることである。すなわち，異なる工程に事業展開することによって，新たな知識や情報という資源に接し，それが当該企業に蓄積されていくようになるのである。たとえば不二製作所の事例からは，情報という新たな資源を蓄積したことによって，事後的な気づきを得て，新たな事業化につながっていくという連鎖が生まれた現象も確認されている。こうした，事前には想定していなかった効果も確認されているのである。

　第2に，第1の効果と関連することであるが，川上および川下工程に事業を展開することで，中核技術へのフィードバックを得ることができ，それが，結果的に，当該企業の市場競争力の強化に結びつく可能性が高いことである。事例では，装置メーカーが実際に自社の製造した装置を使用することによって，装置の使い勝手や作業効率，安全性などを装置設計にフィードバックすることで，装置メーカーとしての競争力やブランド価値を向上させていた。

第3に，同一業界での事業工程への展開ではあるものの，技術ストレッチ戦略を実践することによって，それまでとは異なる事業領域からの売上を計上することができ，単一事業（工程）に依存することのリスクを回避できることである。すなわち，同一業界であれ，異なる事業領域に展開することで，事業のリスク分散を図ることが可能となるのである。

　第4に，同一業界での事業展開であるために，異なる業界よりも，展開が容易であるということである。異なる業界に事業展開するためには，知名度や市場での認知度もないため，1から販路や顧客の開拓を進める必要がある。しかし，同一業界に事業展開することに関しては，その業界での一定の地位や知名度が蓄積されてきているために，販路開拓などの苦労は，異なる業界に展開するよりも少ない。むしろ，技術ストレッチ戦略が呼び水となって，他の顧客からも情報や要望が寄せられるなどの効果が事例から確認されている。

(3)　技術ストレッチ戦略の留意点

　ただし，技術ストレッチ戦略を実践するにあたっては，留意点もある。それは，第1に，技術ストレッチ戦略は既存顧客との業務が重複する可能性があり，事業展開のすすめ方によっては顧客が競争相手となる場合があるということである。そのため，先にも指摘したように，既存顧客とのWin-Winの関係が築けるかどうか，あるいは，既存顧客の業務や顧客ターゲットとの差別化ができるかどうかを勘案することがきわめて重要なこととなる。事例では，いずれもステークホルダーである顧客からの要望があったために，当該企業が技術ストレッチ戦略を実践することが可能となり，それによって，両社のWin-Winの関係が築け，結果的により強い取引関係に結びついていたという幸運があった。

　自社による戦略的意思決定が先にある場合には，既存顧客の事業を脅かすのではなく，既存顧客のそれとは差別化しているということを理解してもらう必要がある。たとえば，三菱重工は航空機の部品加工や一部の組立業務か

ら，航空機そのものを製造する事業に参入しようとしている。しかし，三菱重工が開発中の航空機であるMitsubishi Regional Jet（以下，MRJ）は，航空機部品を加工して提供する顧客であるBoeingやAirbusの航空機とは明確に差別化している。顧客であるBoeingやAirbusは大型の航空機を製造しているのに対し，MRJは両社が手がけていない座席数が100席以下という航空機を製造して事業化しようとしているのである。このように，当該企業は技術ストレッチ戦略が既存顧客の事業を脅かす戦略ではないことを事前に示しておくことが肝要となる。

　第2に，技術ストレッチ戦略が同一業界での事業展開であるために，業界そのものが低迷したり，破壊的イノベーションが起きて業界構造が大きく変わってしまうような場合には，技術ストレッチ戦略を実践する当該企業がそれに伴って大きな負の影響を被る可能性を否定できないことである。事例の玉田工業が技術ストレッチ戦略をとったきっかけは，規制緩和によってガソリンスタンドの競争が激化して市場そのものが半分程度にまで縮小してしまったことにあった。このように，ある特定の業界に事業を依存していた場合には，その市場がシュリンクした場合に，当該企業に与える影響がきわめて大きいのである。

3 技術スライド戦略の本質

(1) 技術スライド戦略を実践するということ

　技術ストレッチ戦略に続いて，技術拡張戦略のもう1つのタイプである技術スライド戦略は，すでに保有している中核技術を異なる業界に転用する戦略であった。技術スライド戦略は，大きくB2Bに訴求する場合とB2Cに訴求する場合とがある（あるいは，両方に訴求する場合も考えられるであろう）。いずれも，新規参入企業は取引実績や知名度がないために，市場での認知度を1から構築していく必要がある。特に，新規参入した業界での事業

展開において一般的に訴求することが難しいのはB２Cに対してである。なぜなら，企業を対象にしたマーケティングよりも一般消費者というマスを対象にしたマーケティングを行うことになるためである。B２Cに訴求する技術ストレッチ戦略を実践した近藤機械製作所の自転車用ハブ「GOKISO」や川並鉄工が製作するインテリア・アート作品「刻鈑」の事業展開が容易ではなかったことからも確認することができる。

　ただし，B２Cに訴求する技術ストレッチ戦略は，部品加工の事業と比較すると，販売単価や利益率を高く設定することも可能となる。川並鉄工の代表取締役社長である川並氏が「（刻鈑の売上は同社の）売上の１割といっても，利益が出ているし，鉄工所のメインの仕事の赤字をこちら（刻鈑）でカバーしているくらいですよ」と答えているように，B２Cの場合，１個単位で部品加工以上の売価を設定することは珍しいことではない。

　その一方で，B２Bの事業を展開していた企業がB２Cに展開することで，それまで接点がなかったユーザーと接することができ，自社製品を利用した感想やコメントが直接届けられることもあり，それが担当している従業員の励みになっているということも確認されている[1]。

　技術スライド戦略が求められる局面は，特に，既存の市場や事業が縮小するときに求められる。ガソリンタンク製造を担う玉田工業は，石油業界の規制緩和の一環として特石法が廃止されたのを期に，急速に縮小したガソリンスタンド業界の影響を大きく受けて３期連続の赤字となった。また，近藤機械製作所は，リーマンショックの影響により特定業種の売上が75％も落ち込むほどの危機的状況に直面した。同社の取締役会長である近藤氏が認識しているように「順調だった仕事が一瞬にしてなくなるということは珍しくないです。以前，設計した一機種の機械だけで７億円を超える売上がありましたが，それは一時のことだけで，案の定，この仕事はすぐになくなりました」ということや「自動車レース部品も，売上が増えて喜んでいたら，メーカーがレースから撤退してしまって，一瞬でこの仕事がなくなりました」という状況に直面することは珍しくない。

これらの事例からも明らかになったように，特に既存市場や事業が縮小する際には，技術スライド戦略の実践が1つの選択肢として有効な手段となる。

そして，技術スライド戦略を実践する際には，大別して自社の中核技術が転用できそうな異なる事業領域を探索して事業展開する，いわゆる，テクノロジー・プッシュ型の技術スライド戦略と，当該企業のステークホルダーからもたらされた情報やニーズをもとに異なる事業領域に展開するディマンド・プル型の技術スライド戦略とを確認することができる。前者は「中核技術ありきの技術スライド戦略」，後者は「ステークホルダー発の技術スライド戦略」と換言することもできよう。一般的には，前者よりも後者のほうが，受注に結びつきやすいことが確認されている。

玉田工業の事例では，数多くの技術スライド戦略を実践してきているが，いずれも事業化してすでに実績を上げている事業の多くは，社内外のステークホルダーからもたらされた情報がきっかけとなっている。

また，クロスエフェクトの事例では，医療業界へと参入するきっかけとなった心臓シミュレーターの開発は，地元の支援機関の担当者が仲介役となり，国立循環器病院研究センターの部長との関係をつないだことに端を発する。これらの点からも，技術スライド戦略を実践するにあたっては，ステークホルダーからもたらされる情報がきわめて重要であるといえよう。したがって，日頃から，このような情報を当該企業にもたらすステークホルダーとの関係を構築しておくことが重要で，その意味でもイノベーティブな企業にとっての良きステークホルダーであるという「筋が良いステークホルダー」（水野［2015］)[2]とつながりを持つことの重要性が支持されたといえよう。

しばしば「中核技術ありきの技術スライド戦略」で直面する課題は，当該企業の中核技術がどの事業領域に適合（フィット）するのかがア・プリオリではないことである。玉田工業の代表取締役である玉田氏は「失敗事例はたくさん，たくさんあります。これまでに，開発しても"お蔵入り"となっている試作品もたくさんあります」と答えている。また，近藤機械製作所の事例では，自転車用ハブの開発に着手するまでには，いくつもの試作品を手が

けてきた。試行錯誤という四字熟語が示すとおり，試作品に成功したとしても事業化するまでに失敗の連続が待ち受けていることも少なくない。

また，ブレークスルーのタイミングがいつ訪れるのかも自明ではない。そのため，視点を変えて物事を捉えるリフレーミングや，視点をずらして物事を解釈すること，解釈の多様性を持つこと，認知的不協和（スターク［2011］）をあえて持つことなどが，ブレークスルー，あるいは，"ひらめき"のきっかけとなることが少なくない。さらに，ブレークスルーのタイミングは，ステークホルダーによってもたらされることもある。この点からは，日常的にどのようなステークホルダーとの付き合いがあるのか，そして，どのような人脈や紐帯（Granovetter［1973；1974；1985］）を構築してきたのかが鍵となるといえよう。

いずれにしても，技術スライド戦略を実践する際には，自社の中核技術は何か，そして，特異技術は何か，自社の保有資源で競争力の源泉となるものは何かという「技術の棚卸し」（米倉・清水［2015］）[3]ができていることが前提となる。なぜなら，自社の保有資源の強みが理解できていなければ，その強みを異なる事業領域にどのように活用することができるのかという議論が困難となるためである。事例を確認しても，それぞれの企業は中核技術を明確に意識した上で異なる事業領域に展開していた。玉田工業はSF二重殻タンクの製造技術を，クロスエフェクトは３Ｄのモデリングや光造形技術を，近藤機械製作所は航空機のジェットエンジン衝撃吸収のためのベアリング部品加工技術を，川並鉄工は大型金属の精密加工技術を中核技術に据え，事業展開を模索していた。

さらに，中核技術を明確に意識するのみならず，中核技術が事業展開できる潜在的可能性という観点からは，「幹の太い技術」（清水［2016］）という技術に対する考え方が参考になると思われる[4]。「幹の太い技術」とは，英語ではGeneral Perpose Technologyと表記され，①一塊の技術であると認識しうること，②生み出された時点では改良や洗練の余地が大きいこと，③多様な製品やプロセスに利用されること，④他の技術との間に強い技術的な補

完性があること、と定義される（Lipsey *et al.*［1998］）。清水［2016］もその定義を前提として議論を展開している。すなわち、「幹の太い技術」を一言で表すと、汎用性の高い技術ということになる。1つの幹の太い中核技術がその技術の汎用性を活かし、そこから多くの果実を得る（清水［2016］）という考え方が参考になるのである。

しかし、その一方で、清水［2016］が指摘するように、「幹を太く育てさえすれば、そこから自然に多くの果実が実るわけではない。追加的で累積的な改良を積み重ねていくと、そこから得られる成果は逓減してくる。この収穫の逓減が技術の成熟化である。成熟化してきた場合には、新しい用途を開拓していくことが大切になる。しかし、この新しい用途の開拓（多くの果実を実らさせること）を促進する条件と、太い幹へと技術を育てることを進める条件の間にはトレードオフがある」（2頁）。そのため、当該企業にとって、中核技術が「追加的で累積的な改良を積み重ね」（同）るだけでは不十分であることも念頭に置いておく必要がある。

この観点から、異なる事業領域に展開して、中核技術を深化させるよう作用する技術スライド戦略は、中核技術の幹を太く育てるという意味でも、中核技術の展開可能性を追求するのに適している戦略であるといえよう。

(2) 技術スライド戦略の効果

技術スライド戦略は、Ｂ２Ｂへの展開やＢ２Ｃへの展開、そして、テクノロジー・プッシュ型やディマンド・プル型など、多様な展開可能性を有する技術拡張戦略の1つである。中核技術をどの事業領域に展開することが適合的なのかは、ア・プリオリでは特定できないものの、そのようなハードルを乗り越えて技術スライド戦略を実践することによって、以下のような成果を期待することができる。

第1に、技術スライド戦略が新規顧客に受け入れられて、新事業開拓に成功すれば、既存企業があっと驚く破壊的イノベーションを起こすことが可能となることである。すなわち、業界や市場の「常識」を打ち破る価値を提供

することができる可能性を秘めているのである。事例では，クロスエフェクトが人の心臓をCTでスキャンして当該人物の心臓と血管1本1本に至るまで同じ形と手触りを再現した心臓シミュレーターが，医療業界に衝撃を与えた。

　また，近藤機械製作所が開発した自転車用ハブは，「軽さが性能」という自転車業界の「常識」を覆し，ライバルメーカーの2倍もの重量がある。しかし，同社が開発したハブの性能は，車輪の回転抵抗を削減して耐久性を向上させているために，時速300kmのスピードにも耐えることができ，0.5gの加重を加えただけでも車輪のホイールが回り始めるほどである。そのため，他の自転車用ハブでは実現できないほどの車輪のこぎ出しの軽さ，スピードの乗りやすさ，走行時のスピードの維持，乗り心地，運転の快適性が自転車ライダーに支持されている。

　川並鉄工が製作した立体型アート作品や3次元の精密加工を表面上に表現した「刻鈑」もまた，これまでにないインテリア・アート作品として観た人の目をひきつけて，展示会や百貨店での直売では，常に大きな反響が寄せられている。

　また，このように新たな事業領域に破壊的イノベーションを捲き起こし，それが認知されることで，メーカーとしての知名度が高まり，その新たな事業領域でさらなる事業展開を図ることも可能となる。クロスエフェクトは，心臓シミュレーターを開発したことを足がかりに，心臓以外の臓器の開発にも次々と取り組み，医療業界での地位を確立するとともに，同業界での事業展開を拡大している。近藤機械製作所も，自転車用ハブの開発から同社製のハブに適合したリムの開発やハブのメンテナンスのための道具を開発するなどして，新規参入を果たした自転車業界での事業を拡大している。川並鉄工では，インテリア・アート作品である「刻鈑」を足がかりに，アルミ製のパズルピース型のアートパネル“PUZZDECO”を開発して，インテリア・アートを製作する企業として事業展開を拡大している。

　第2に，既存の事業とは異なる事業領域に展開することによって，特定の

事業領域の景気の波による業績変動のリスクを分散することが可能になる。近藤機械製作所の取締役会長である近藤氏が認識していたように，利益の柱となっていた事業が外的要因により一瞬にして消失してしまうことは少なくない。特定事業への依存度が高ければ，それは当該企業にとって大きなリスクとなる。この事業リスクを分散させるためには，技術スライド戦略の実践は有効な手段となる。

　第3に，中核技術をどの事業領域に展開することが適合的なのかは，ア・プリオリでは特定できないという当該企業にとっての苦労はあるものの，技術スライド戦略に挑戦した企業には，事前には想定していなかったさまざまな意図せざる結果や事後的合理性を実感している場合が少なくないことである。事例の玉田工業は，事業化までに長期間を要した取り組みもあったものの，飲料水兼耐震性貯水槽「アクアインピット」の開発のプロセスでは，耐圧タンクの開発という技術を蓄積することができたことや，地元の支援機関や地元の大学研究者らとの新たなステークホルダーとの出会いがあったこと，また，その新たなステークホルダーとのつながりによって，その研究室を卒業した技術者を新卒採用できたことなどの副次的効果が確認されている。また，汚染水タンク事業の際には，同社の製造能力以上のタンク製造が任されたが，この事業を通して，従業員同士の一体感や玉田工業への帰属意識が高まった副次的効果が確認されている。

　クロスエフェクトは，開発した心臓シミュレーターが，事前には想定していなかった数々の賞を受賞して大きな反響を呼び，同社の知名度を引き上げた。また，それとともに，同社に医療業界内外から多くの情報や相談がもたらされるようになった。

　近藤機械製作所は，新たな事業の柱を探るためにいくつかの試作品を手がけていたとき，航空機の部品開発の指導をしてもらっていた外部講師の目に留まったことから，自転車用ハブが試作品から事業化へと展開することになった。また，自転車用ハブを上市したことによって，直接ユーザーと接することやハブの反響が同社に寄せられたことで，結果的に，従業員らが，も

のづくりの喜びを体験し，働くモチベーションを向上させるきっかけとなった。

　川並鉄工も，インテリア・アート作品開発の試行錯誤のプロセスのなかで，事業化へのブレークスルーのきっかけを意図せざる形でつかみ，「刻鈑」を事業化させることに成功した。また，このインテリア・アート作品や立体型アート作品が数々の賞を受賞することは開発当初には意図していなかった。さらに，この取り組みは，川並氏が「デザインデータから自前でやってみたい」ということから始めたものの，CADソフトに興味を示して面白がって勉強する従業員が現れ，その後の開発プロセスで大きな推進力になったことも，CADソフト導入時には意図していたわけではなかった。

　これらの事例のように，技術スライド戦略を実践したことで，事前には想定していなかったさまざまな意図せざる結果や事後的合理性を結果的に実感していることは少なくない。

(3)　技術スライド戦略の留意点

　技術スライド戦略を実践するにあたっても，留意点がある。それは，第1に，技術スライド戦略が中核技術を異なる事業領域に展開する戦略であるために，展開先の市場での認知度を高めることや，新規顧客を1から開拓することが容易ではないことである。さらに，展開する事業がB2Cのタイプである場合には，その浸透がより困難なこととなる。マス・マーケットに対して訴求することが求められるためである。

　しかし，中核技術をB2Cのタイプの事業に展開した近藤機械製作所と川並鉄工は，それでも地道に少しずつ販路を開拓してきた。近藤機械製作所は，全国の自転車販売店を回ってGOKISOの営業を行い，試乗用自転車を置いてもらうことや，展示会に出展してGOKISOを搭載した自転車に試乗してもらうこと，自社でイベントを開催すること，工場見学を開催することなどを通して販路開拓を行ってきた。自転車用ハブメーカーとして認知されるまでには時間を要したのである。

ただし，ごくまれに，"幸運"という意図せざる結果が訪れることもある。水野［2015］では，そのような事例を取り上げている。たとえば，医療器具部品を製造する三祐医科工業（東京都・足立区）は，医療器具部品加工の技術を「医療器具屋さんが作った耳かき」[5]をB2Cの製品として販売した。同製品は，発売後，複数のマスメディアに紹介されることも作用して[6]，爆発的なヒット商品となった。同社の代表取締役社長である小林保彦氏が，「テレビで紹介されると，ものすごい反響があった。電話回線がふさがり，電話が鳴り止まない。あまりにかかってくる電話が多いので，子機が一台壊れてしまったほど。サーバーもダウンした」と，マスメディアに紹介されたときの反響を振り返っているエピソードを記述している（128頁）。このような，"幸運"が訪れると，認知度が短期間に一気に広まり，販路開拓に苦労しない場合もまれにではあるが確認されている[7]。

第2に，特にテクノロジー・プッシュ型の技術スライド戦略を展開するときに直面することであるが，中核技術が事前にどの事業領域で十全に生かせるのか，そして，その中核技術に新たな事業領域での展開可能性がどの程度あるのかがア・プリオリではないため，このタイプの技術スライド戦略が日の目を見るまでに時間がかかることもあることである。事例の玉田工業の技術スライド戦略の実践を確認しても，「技術ありき」で進められた事業（飲料水兼耐震性貯水槽「アクアインピット」や地下収納庫「デポエンジェル」）は，事業として十分に軌道に乗っているとは言い難いことは先に指摘したとおりである。

4 顧客フィクスト戦略の本質

(1) 顧客フィクスト戦略を実践するということ

顧客フィクスト戦略は，顧客ターゲット層を変えることなく，同一業界で，顧客ターゲット層のニーズにあった新たな製品を次々に開発し，上市する戦

略のことである。そのため，顧客フィクスト戦略で重要なことは，業界のトレンドや既存顧客のニーズという情報という資源をもとに，新たな技術を開発し続けることが求められる。業界でボトルネックになっている問題をブレークスルーするための新たな技術が何であるのかがア・プリオリではないために，その技術の探索に大きな労力を要する。事例のナベルで確認されたように，構想から何十年もの時を経て実用化されたものもあり，実際に開発に乗り出してから11年もの歳月をかけて事業化を達成した開発もあるほどである。しかし，顧客が直面している問題をブレークスルーすることになる製品の開発に成功すると，既存事業とのシナジー効果が発揮できるために，販売促進は，技術スライド戦略よりも容易に展開することが可能となる。

　顧客フィクスト戦略を機能させるための前提として，それまで当該企業が業界において蓄積してきた情報のみならず，既存顧客の現場の情報を取得する経路を確保することが肝要となる。なぜなら，開発の原点は，業界でボトルネックになっている問題をブレークスルーすることにあるからである。事例のナベルは，その情報という顧客フィクスト戦略を実践する上で必要不可欠な資源を入手するための仕組みを整えていた。たとえば，自ら「養鶏業界の工務部門」と謳って顧客の要望に耳を傾け続けることで，顧客が困ったときの "駆け込み寺" 的存在となり，「ナベルだったら話を聞いてくれるだろう。そしてナベルだったらできるだろう」と情報を寄せてくれるようになっている。

　また，このような関係が構築できたからこそ，同社は，新たに開発した装置を顧客の現場である養鶏場で試験的に実験させてもらうことが可能となっている。さらに，この実験において，同社はより多くの現場の情報を入手し，養鶏業者の潜在的課題を探り当て，その情報という資源をもとに，さらなる開発のテーマを入手することが可能となっているのである。同社の顧客フィクスト戦略は，このような情報という資源が蓄積する循環を確立して，もがき苦しみながらそれに耐えうる技術開発を継続してきたことで，養鶏業界で高い競争力を維持していることが明らかとなったのである。

しかし，この顧客フィクスト戦略は，その顧客ターゲット層が一定数確保されていること，そして，業界がシュリンクしていないことが前提条件となる。日本国内が少子化による人口減少という現象に直面している状況下で，ナベルがとった方向性は，国内の養鶏業者のみならず，海外の養鶏業者も含めて顧客ターゲット層に据え，顧客フィクスト戦略をとり続けるということであった。

⑵　顧客フィクスト戦略の効果

顧客フィクスト戦略の前提として，市場規模が縮小していないことや顧客ターゲット数が一定数確保されていることが実践上の条件となっていたものの，そして，このような市場が確保されているケースは決して多くはないものの，顧客フィクスト戦略を実践することによって，以下のような成果を期待することができる。

第1に，当該企業と顧客との長期にわたる関係を構築できることである。顧客フィクスト戦略を考える上で，顧客との関係構築は必要不可欠である。なぜなら，顧客が直面する問題を解決するためには，顧客からの情報という資源が不可欠なものであり，顧客こそ，その情報という資源をもたらしてくれる提供主体であるためである。顧客もまた，このような関係が構築されていることで，当該企業が顧客の不便を解消する製品を開発することが可能となり，（開発された製品はナベルの製品のように多少，高くても）結果的に自らの業務の価値を高めることができるからである。

この点を鑑みると，顧客フィクスト戦略は，当該企業と顧客がWin-Winの関係を構築することができなければ実践し続けることが難しいことが想定される。事例のナベルの場合，開発の動機は「こんなの作って，お客さんをびっくりさせたろ！」という気持ちであった。ナベルは，顧客が直面する問題を解決する装置を次々と開発してきた。こうして同社は，養鶏業界の発展と生産性の向上に大きく寄与してきたのである。顧客フィクスト戦略を実践する上では，このような循環を作る仕組みをどのようにして埋め込むのかが

肝要となる。

第2に，第1の効果と関連するものの，顧客フィクスト戦略を実践して，顧客が直面する問題や要望に応える製品開発をすることによって，顧客は喫緊の課題を解決するためには購入という意思決定をせざるを得ず，それが当該企業の利益に結びつく可能性が高いことである。事例のナベルの代表取締役社長である南部氏が言うように，「顧客が『高い。でもこの機能がついた装置は絶対欲しい。買わなきゃ仕方がない』と，苦い顔をしても納得して買ってくれる」ものとなっていた。ここで得た利益が，次の新しい機能を搭載した顧客が求める装置の開発に対する投資に配分されるのである。当該企業が長期的に発展を遂げるために不可欠な組織内の経済的循環である。

第3に，顧客が直面する問題や要望に応えた製品は，成功すると業界初のものとなり，業界全体や顧客ターゲット層があっと驚くような破壊的イノベーションを起こすことが可能となることである。事例のナベルの場合には，「卵をサイズ別に包装するのではなく，同じ重量でパック詰めができたらサイズ違いで余った卵を破棄せずに済むし便利だから，ナベルで開発して欲しい」という声に応えて，業界初の定重量・定数量のパック詰め装置を開発したし，「目視検査をしていた卵のひび割れ判別作業を何とかしたい」という声に応えて11年という歳月をかけながらも，業界初の卵のひび割れ検査装置を開発した。

そのほかにも，1990年代前半には「（スーパーで物価の優等生と呼ばれているほど卵の販売価格が安定しているために）卵の販売需要が増えるだろう」「その市場環境においてはロボットが自動で包装してパックをストックする装置が必要になるだろう」という仮説を立てて取り組んだロボットによる自動選別の装置を開発したり，「異常卵を人の目で検出する作業は時間と労力を要する作業であるので，異常卵を自動で検知して装置ラインから外れる仕組みを備えた装置が欲しい」という声に対しては非破壊型異常卵自動検知装置も開発した。

さらに，ロボット型の自動選別装置を発展させた自動倉庫への配送・保管

を大量処理する装置のニーズがあるだろうという仮説のもと，タワー型全自動システムを開発した。これらの装置は，いずれも，世界初・業界初の装置となり，ライバルメーカーを引き離して，ナベルが国内でトップシェアを独創し続ける基盤を作り上げた。

第4に，第1の効果とも関係するが，顧客フィクスト戦略を実践し続けることによって，業界や顧客に関する情報という資源が当該企業に蓄積されていき，それが，次に開発する製品を決定する際の判断材料になるのである。したがって，顧客フィクスト戦略においては，情報という資源を入手し，保有資源として蓄積して活用するという行動が戦略上，きわめて重要なことであるのかがわかる。

(3) 顧客フィクスト戦略の留意点

顧客フィクスト戦略を実践するにあたって，他の戦略と同様に，留意点がある。一番大きな懸念は，顧客フィクスト戦略が同一業界内における事業展開であるために，業界そのものが低迷すると，需要全体が少なくなってしまい，当該企業の業績においても大きなダメージを被る可能性が高くなることである。多くの企業が技術スライド戦略を選択しようとするインセンティブに駆られるようになる理由がここにあった。当該企業の主力事業が業界そのものの景気の低迷の影響を受けて，異なる事業領域を開拓せざるを得ないという事業環境に直面することが少なくなかったのである。

顧客フィクスト戦略の場合もそのような潜在的リスクを抱えているのである。また，それゆえ，顧客フィクスト戦略を実践し続けている企業事例を収集することが難しいということを如実に表しているともいえよう。

第2に，事例のナベルのように，顧客が直面する問題が明らかとなっていても，その問題を解決するのにどのような技術が適合（フィット）しているのかは，ア・プリオリにはわからず，その技術を特定するまでには，多くの試行錯誤を経なければならないことが少なくないことである。そして，当該企業にとっては，そのような出口の見えない開発を続けることは資金繰りの

観点からも，決して容易なことではない。しかし，先述したように，その開発に成功すると，業界に破壊的イノベーションを捲き起こすことも不可能ではないのである。

---

5 ｜ 3つの戦略比較―本章のまとめ

　技術拡張戦略のタイプである技術ストレッチ戦略と技術スライド戦略，顧客フィクスト戦略は，いずれも，資源ベースの戦略論における戦略立案の可能性，そして，実践したことによってはじめて現象として現れる事後的合理性や意図せざる結果を誘発する創発戦略を考える上で重要な戦略であると位置づけて検証してきた。したがって，本章における戦略比較の目的は，①3つの戦略の特徴を理解すること（3つの戦略のうち，どの戦略が"正しい"のか"正しくないのか"を議論することではない），②保有資源を活用していかなる事業戦略が展開されているのか，そして，その結果，どのような効果が生じるのかを確認することであった。

　そこで，まず，事例として取り上げた企業が選択したそれぞれの戦略を実践することになったきっかけと，実際にいかなる事後的合理性や意図せざる結果が起こったのかを整理した上で（図表7-2），3つの戦略の特徴を比較して（図表7-3），本章のまとめとする。

　図表7-2からは，戦略実践のきっかけが，顧客をはじめとしたステークホルダーから寄せられることが少なくないことが確認される。この点からも，技術スライド戦略を実践する企業のみならず，日頃から，このような情報を当該企業にもたらすステークホルダーとの関係を構築しておくことが重要であること，そして，「筋が良いステークホルダー」（水野［2015］）とつながりを持つことの重要性が改めて支持されたといえよう。

　また，戦略を実践するプロセスを通して，組織の外部に関する事後的合理性や意図せざる結果が発生したことのみならず，組織の内部に対しても，結果として従業員満足度を高めることになったことなどの事後的合理性や意図

第7章　戦略フレームワークの比較分析　　163

| 図表7-2 | | 戦略実践のきっかけと発生した事後的合理性・意図せざる結果 |

企業	戦略実践のきっかけ	発生した事後的合理性・意図せざる結果
マスダック	顧客からの要望	自社製装置の信頼性とブランドの維持／事業のリスクヘッジ
不二製作所	顧客からの要望	新たな装置の開発／新たな事業への展開
玉田工業	既存業界の低迷	新たな事業化／顧客の紹介／ステークホルダーの広がり／知名度の向上／従業員の一体感と帰属意識の高まり／人材の獲得
クロスエフェクト	ステークホルダーの紹介	新たな事業化／賞の受賞／知名度の向上／従業員のモチベーションの向上
近藤機械製作所	既存業界の低迷	知名度の向上／従業員のモチベーションの向上／離職率の低下／求人応募人数の急増
川並鉄工	ステークホルダーからの触発	若手従業員のモチベーションの向上／賞の受賞／知名度の向上
ナベル	顧客からの要望	顧客との関係強化／賞の受賞／知名度の向上／従業員のモチベーションの向上

せざる結果が発生している点にも留意する必要がある。戦略を実践するプロセスでは，組織内部に対するプラスの効果が発生しているためである。戦略を実践することによって，組織内部が活性化し，組織の構成員のモチベーションを高めることによって，新たな取り組みに挑戦する意欲が高まっていくプラスのフィードバックが期待されるのである。

　図表7-3からは，それぞれの戦略の有用性を確認すると，次のようにまとめることができる。技術ストレッチ戦略は，既存事業の異なる工程に事業を拡張するために，知識や情報という既存の保有資源を十分に活用した事業展開，そして，シナジー効果を創出することが可能となる。この点を鑑みると，技術ストレッチ戦略は効率的な（efficient）戦略であるといえよう。

　技術スライド戦略は，進出するのに最適な事業領域を特定することが容易ではないこと，そして，新たな事業領域で1から顧客開拓する苦労から逃れることはできない。しかし，その一方で，中核技術が事業展開先の業界の

図表7-3　3つの戦略の比較

戦略のタイプ	技術拡張戦略		顧客フィクスト戦略
	技術ストレッチ戦略	技術スライド戦略	
事例企業	マスダック 不二製作所	玉田工業 クロスエフェクト 近藤機械製作所 川並鉄工	ナベル
戦略展開時に活用する主な保有資源	情報	技術	情報
戦略展開する事業領域	同一業界	異なる業界	同一業界
展開する事業領域であるがゆえの苦労	業界がシュリンクするリスク	新市場・新顧客に認知してもらう必要性	業界がシュリンクするリスク
破壊的イノベーションを起こす可能性	小	大	大
戦略上の主な強み	• 知識や情報という保有資源の活用 • それまでのビジネスとの補完性・シナジー効果	• 特定の事業領域に依存しない（事業のリスクヘッジ） • 新たな事業領域での事業機会の拡大	• 知識や情報という資源の活用 • それまでのビジネスとの補完性・シナジー効果
戦略上の主な弱み	• 特定の事業領域に依存する • 業界に破壊的イノベーションが起きたときの影響が大きい	• 新たな事業領域を探し当てる困難さ • 新たな事業領域で1から顧客開拓する必要性	• 特定の事業領域に依存する • 顧客ニーズを満たす適切な技術を探し当てることが困難

「常識」を覆す製品を提供する可能性を秘めていること，また，展開した事業領域で受け入れられて認知度が高まることによって，さらなる事業機会が拡大することが可能となる。この点を鑑みると，技術スライド戦略は効果的な（effective）戦略であるといえよう。

　顧客フィクスト戦略は，知識や情報という既存の保有資源を十分に活用した事業展開や，シナジー効果を創出することが可能である上，それをもとにして業界の「常識」を覆す製品を提供する可能性を秘めていることから，実現することができれば，効率的かつ効果的な戦略であるといえよう。しかし，

この戦略は，常に２つのリスクや不確実性に直面している。それは，特定の市場に依存することを意味することと，適切な技術を探し当てることが容易ではないことである。

　同一業界での事業展開には，当該市場がシュリンクする潜在的可能性というリスクを鑑みると，顧客フィクスト戦略を実践しながら技術スライド戦略を実践するタイミングを図り，技術スライド戦略にシフトすることができれば，事業展開した新たな市場で次の顧客フィクスト戦略を実践するという戦略展開を念頭に置きながら企業経営を進めることも事業存続の１つの選択肢となるであろう。

　たとえば，宅配業界のマーケティング上のリーダーとして位置づけられているヤマトホールディングスの歴史を鑑みても，商業貨物に特化した顧客フィクスト戦略を実践しながら，個人宅配という事業領域に展開した技術スライド戦略に転換し（小倉［1999］），さらに新たな業界地位を獲得したこの個人宅配という事業領域において，インターネット通販の需要に対応するシステムを構築する（沼上［2016］），というように，個人宅配という新たな事業領域において，さらなる顧客フィクスト戦略の実践を行っている。

　また，富士フイルムの事例においても，写真用カラーフィルムの事業領域で顧客フィクスト戦略を実践しながらも，同市場がシュリンクしてしまったため，その中核技術を活用して化粧品や医療分野への参入を果たす技術スライド戦略へと転換して，化粧品のラインナップを拡充することや医療機器を拡充する（沼上［2016］）などして，それぞれの事業領域で新たな顧客フィクスト戦略を展開している。

　業界がシュリンクすることのもう１つの可能性として，確かに，製品のライフサイクルの成熟期あるいは衰退期であると解釈される時期においても，新たな細分化市場という秩序が形成されるプロセス（宮尾［2016］）として顧客フィクスト戦略を実践することの可能性が残されている。宮尾［2016］では，成熟期を迎えた炊飯器という既存市場において，炊飯器の平均単価が上昇したことに着目し，この時期に新たな機能を搭載した高級炊飯器という

カテゴリーが出現した現象を捉えている。この事例からも明らかとなるように，一見，市場が飽和状態のように見えたとしても，破壊的イノベーションによって，新たな事業化の可能性が拓ける可能性，そして，顧客フィクスト戦略を追求する可能性がある点には注意を要するであろう。したがって，この事例からも，顧客フィクスト戦略の潜在可能性を軽く捉えてしまってはいけないことを示唆している。

　本書で取り上げている技術ストレッチ戦略や技術スライド戦略，および顧客フィクスト戦略は，いずれの戦略も知識や情報，技術といった組織がそれまで蓄積してきた保有資源を十全に活用しながら展開することを意図した戦略であり，また，それぞれの戦略を実践するプロセスで，事後的合理性や意図せざる結果を誘発する創発戦略を実現していることを確認できた。この点を鑑みると，日本企業における資源ベースの戦略論や創発戦略は，戦略の実践方法によっては，沼上他［2007］が主張するように，まだまだ有効なのではないかと思われる。

　そこで，次章では，これまでの戦略フレームワークやそれぞれの戦略の事例を振り返りながら，"日本的経営"について改めて考えてみることにしたい。

■注─────────────
1　B２BからB２Cに事業展開した企業経営者は「B２Bの事業では，お客さんから問い合わせがくるときには，ほとんどが業務に対する苦情であるのに対して，B２Cの事業では，お客さんが実際に製品を使って感動したことやエピソード，コメントなどが寄せられるので，従業員にとっては良い励みになる」とB２Cの業務を手がけることのメリットを強調していた。
2　水野［2015］では，筋が良いステークホルダーとつながることによる３つの効果を指摘している。それは，①筋が良いステークホルダーとのつながりや紹介が新たなつながりを生むという連鎖・作用を引き起こすことがあること，②筋が良いステークホルダーの意見やアドバイス，助言が，課題に直面する当該企業にとって課題を解決するヒントをもたらす存在となる可能性が高まること，③筋が良いステークホルダーが当該企業の組織内部に与える正の効果があること（より具体的には，

筋が良いステークホルダーに学び，組織内部にその学びから得た成果を浸透させることや，基本的姿勢やイノベーションの行動規範に反映すること，従業員のモチベーションに正の影響をもたらすこと，である（112-113頁）。

3 米倉・清水［2015］では，オープン・イノベーションの文脈において，オープン・イノベーションを推進する際のメリットとして，自社内の経営資源の棚卸しが進むことを挙げている。なぜなら，自社内に経営資源がないのかあるのか，どの資源が足りないのか，どのような資源が組織内部に余剰となっているのかを勘案した上で，オープン・イノベーションを進めるため，イノベーションを加速するために外部に経営資源調達をオープンにするとなると，結果的に社内に存在する経営資源の見直しに直結することになると強調している（25頁）。

4 ただし，本来の「幹の太い技術」（ジェネラル・パーパス・テクノロジー）の意味は，社会や経済に与えるインパクトが極めて高く，それゆえ，社会で生み出される頻度はそれほど多く確認できるものではないとされている（清水［2016］）。

5 同製品は，意匠権を取得している。

6 2008年頃には，地域の情報雑誌や情報番組などで取り上げられていたものの，その後，全国区のテレビ番組であるテレビ東京の「ガイアの夜明け」（2012年11月20日放送）やTBSの「マツコの知らない世界」（2013年2月15日放送），大阪朝日放送「ちちんぷいぷい」（2013年9月17日放送），テレビ朝日「若大将のゆうゆう散歩」（2014年2月20日放送）などに取り上げられたことがある。

7 ただし，三祐医科工業のように，短期間にあまりに問い合わせや受注が集中してしまうと，小林氏の会話からも推測されるように中小企業では対応しきれなくなることもある。

第8章

“日本的経営”の再考

---

1 強い組織の源泉

---

(1) 企業の強み

　本書では，“日本的経営”がなぜ機能不全に陥ったのか，そして，それを再建するためには何が必要なのか，という問題認識を念頭に置きながら，知識や情報，技術といった企業がそれまで蓄積してきた保有資源を最大限に活かすという資源ベースの戦略を実践し，企業の強みや競争力に結びつけてきた事例を確認した。本書の戦略の枠組みから導出された技術ストレッチ戦略や技術スライド戦略，顧客フィクスト戦略を実践してきた企業は，いずれも，それまで蓄積してきた保有資源を活用して，失敗や試行錯誤を繰り返しながら新たな事業の展開や製品の開発に結びつけてきた。

　それとともに，これらの企業は，事例の記述や図表7-2で確認したように，戦略を実践するプロセスにおいて“日本的経営”や創発戦略で強調されてきた「運を実力に転換する力」「失敗から学ぶ能力」「怪我の功名をきっちり活かす能力」「意図せざる結果の意味づけを後づけでしっかり認識する能力」「何が起こっても，結局学習してしまう組織の能力」（藤本［2003］）を発揮してきたことも同時に確認された。すなわち，保有資源をベースに戦略的意思決定をした後には，それを実行に移して，何があろうとも何とかしてやり

遂げるという企業行動が伴っていたのである。いわゆる藤本［2004］が指摘する「二枚腰のしぶとく泥臭い組織能力」（99頁）を確認することができるのである。

　事例企業の中には，事業化までに10年以上もの歳月を要したり，一度中断したことがある開発プロジェクトも複数確認されている。しかし，いかなる逆境や制約に直面しても，常に保有資源をベースにしていかにしてやり遂げるのかを考え，技術ストレッチ戦略は情報という保有資源を使って同一業界の川上および川下工程への事業展開を，技術スライド戦略は技術という保有資源を使って異なる業界への事業展開を，そして，顧客フィクスト戦略は情報という保有資源を使って同一業界の顧客に対して新たな価値提供を実践してきたのである。その結果，戦略的意思決定時には想定していなかった数々の事後的合理性および意図せざる結果がもたらされた。

　こうして，事例企業は，蓄積してきた保有資源をベースにして戦略的意思決定を行いながら，さらに強い組織へと成長を遂げてきたのである。これらの事後的合理性や意図せざる結果は，経営者による戦略的意思決定があったからこそ，結果的に生まれることになったものである。戦略的意思決定を先に行い，それを実行するプロセスでしか事後的合理性や意図せざる結果は発生しない。

　これらの点を鑑みると，組織の保有資源に着目した戦略論である資源ベースの戦略論や，戦略実践のプロセスで事前には想定していなかった事態が発生したときに逐次軌道修正する，また，その対応の結果，当初は想定していなかった効果が確認されるという創発戦略そのものの考え方は，沼上他［2007］が指摘するように，依然として有効であるといえよう。それとともに，このような戦略を考え実践する上で重要な点は，企業がいかなる資源を組織に蓄積していくのかということである。なぜなら，資源ベースの戦略論の考え方の前提は，組織に蓄積されてきた資源が戦略を規定することになるためである。すなわち，「戦略は『組織の強さ』に従う」ことになるのである。

　しかし，事例企業からは，組織が強いだけ，すなわち，蓄積されてきた優

良な保有資源があるだけで戦略を機能させることができていたわけではないことも同時に確認されている。「組織の強さ」をサポートする要因も確認することができたのである。

(2) 強い組織をつくる要因

「組織の強さ」をサポートする要因は，3つ確認することができる。それは，「筋が良いステークホルダー」（水野［2015］）が存在していること，自社製品が使用される現場を知っていること，そして，一度経営トップが意思決定を行ったら，従業員が実践を通して経営機能を果たしながらマネジメントを学んでいることである。以下ではこれらの要因を1つひとつ確認していくこととする。

事例企業は，組織がそれまで蓄積してきた保有資源をベースに戦略策定を行い，実践していた。しかし，この戦略策定のきっかけや実践のプロセスで，注目すべき主体が存在していた。それが，強い組織をつくることになる要素の1つである社内外のステークホルダーの存在である。CASE 1 ～ 7 の事例の記述や図表 7-2 を確認しても，顧客も含めた「筋が良いステークホルダー」（水野［2015］）がきわめて大きな役割を果たしていることがわかるのである。

それぞれの事例でステークホルダーがどのような役割を果たしたのかを探ると，技術ストレッチ戦略の事例として取り上げたマスダック（CASE 1 ）は，顧客というステークホルダーからの要望がきっかけとなって川下工程への技術ストレッチ戦略を展開していた。不二製作所（CASE 2 ）もまた，もともと研究開発の拠点として日本ブラスト加工研究所を創設したところ，研究所に顧客というステークホルダーから受託加工の依頼が舞い込んだ。これがきっかけとなって川下工程への技術ストレッチ戦略を展開して，ここでの業務を通して，新たな装置の開発やノウハウの蓄積に役立っている。

技術スライド戦略の事例として取り上げた玉田工業（CASE 3 ）は，テクノロジー・プッシュ型で進めた技術スライドよりも，ステークホルダーから

もたらされた要望から展開したディマンド・プル型で進めた技術スライドの事業のほうがより高い効果が確認されている。また，同社が国内シェア70%を占めている緊急搬送用ドクターヘリ給油システム事業を始めたきっかけは，同社創業者との交遊があったステークホルダーからもたらされていた。さらに，東京電力福島第一原子力発電所の汚染水タンク事業も，同社の代表取締役である玉田氏が認識しているように，玉田工業だけで成し遂げたのではなく，数多くのステークホルダーの協力があったからこそ，通常月産3基程度の製造実績の企業が3カ月で370基もの受注量の大型タンクを，期限内に作り上げることを可能にした。クロスエフェクト（CASE4）が心臓シミュレーターを開発する直接のきっかけとなったのは，ステークホルダーである地元の支援機関の担当者を通じて後に国立循環器病院研究センターの部長になる医師と出会ったことであった。

　そして，近藤機械製作所（CASE5）が自転車用ハブの開発を本格化しようとしたきっかけは，同社の試作品がその当時，航空機の部品開発や試作品製造の指導をしてもらっていた外部講師の目に留まって，「全面的に協力する」と約束したことから始まっている。このケースもまた，ステークホルダーが重要な役割を果たしていた。

　川並鉄工（CASE6）は，京都試作ネットという試作品を受注し，お互いが学び合い，切磋琢磨し合う共同体のメンバーに触発されたことで金属の塊からオブジェを作り出すアート作品を手がけるようになった。その上，その作品をコンテストに応募するよう応募用紙まで渡したのは，やはり，このステークホルダーである京都試作ネットのメンバーであった。

　顧客フィクスト戦略の事例として取り上げたナベル（CASE7）は，世界初・業界初の鶏卵装置を次々と開発して事業化してきたが，その原点は，顧客から寄せられる，顧客の直面している問題や要望にある。また，開発した装置を実験する場所を提供しているのは，顧客である養鶏業者である。これらのことからも明らかなように，ナベルの場合にも，顧客というステークホルダーが同社の戦略を実践し，開発を事業化するのにきわめて重要な役割を

果たしているのである。

　以上から，強い組織をつくる要因として，そして，その「組織の強さ」が戦略を機能させるサポート要因として，「筋が良いステークホルダー」（水野[2015]）の存在を挙げることができるのである。

　強い組織をつくる要因として，そして，その「組織の強さ」が戦略を機能させるためのサポートとなる要因として第2に挙げられるのが，第1の要因とも部分的に関連するが，「現場を知る」ということである。すなわち，現場を起点とした「現場ありき」の姿勢が，保有資源をベースとした戦略を実践する際には有効であるということを表している。たとえば，マスダックや不二製作所は，技術ストレッチ戦略で果たした川下工程の事業展開を行うことにより，装置の現場での利用経験を踏まえて自社が製造した装置の安全性や使い勝手などを改良し，装置メーカーとしての競争力を高めていた。これは，実際に自社装置を使用する現場を知ったからこそなせる業であった。

　技術スライド戦略を実践した玉田工業の場合は，業務の現場での情報収集や気づきが事業化のきっかけになっていることも少なくなかった。防火水槽への技術スライドは，町内会長をしていた同社の技術者による埋設型の耐震性防火水槽の導入という現場の情報がきっかけとなっていた。また，老朽化したタンクの補修事業を始めたきっかけは，ガソリンスタンドの現場で地下タンクに穴を発見して顧客にタンクの入れ替え工事の提案をしたことにあった。

　クロスエフェクトは，京都試作ネットへの参加を，「経営者が汗を書いて勉強する場」であるとして「京都試作ネットでの活動は，大やけどや大損しながらも，ストライクゾーンを広くするための機会なのだと認識している」と，現場から得る情報の重要性を認識している。

　近藤機械製作所も現場に寄せられる意見や要望に応えることを通して，チャンスをつかんできた企業である。「できないということが悔しくて，何度も何度もトライした」という依頼を2カ月かかってやり遂げて，それが結果的に受注に結びついた。また，そもそも航空機業界に参入するきっかけと

なったのも，顧客からの問い合わせに対して提言し，「予算70万円なのだけれど，お試しに，これ（この素材），この精度で削ってみてくれない？」という現場でのやりとりがあったためである。

川並鉄工が「刻鈑」のアイディアにひらめくことにつながったきっかけも，美術系学校の卒業制作の展示会の場に訪れたことにあった。現場に訪れ，自分の目で見て，そこからヒントを得て，考え，行動してインテリア・アート作品の「刻鈑」が事業化されたといっても過言ではない。

顧客フィクスト戦略を実践したナベルもまた，「答えは現場を知ることにある」ことを体現している事例であるといえよう。たとえば，開発に11年も要した卵のひび割れ検査装置の開発では，ライバルメーカーがこぞってカメラ技術を使って卵のひび割れを検知しようとしていたのに対して，同社は，カメラ技術で解決するのが難しいことを現場での観察や経験を通して理解していた。だからこそ，代表取締役社長である南部氏は「卵のひび割れは目では見えない。だからカメラではあかん」と強く主張して，音と振動をキーワードにして卵のひび割れ検査装置を完成させた。

また，同社が開発した装置は，実際の養鶏業者に協力を仰ぎ，現場でテストするという工程を欠かさず取り入れてきた。この現場においても，養鶏業者の現場に関する情報収集を行ってきている。これらの行動も，同社が現場の大切さや重要性をこれぞというほど理解しているからに他ならない。

強い組織をつくる要因として，そして，その「組織の強さ」が戦略を機能させるためのサポート要因として第3に挙げられるのが，経営トップの戦略的意思決定を受けて，組織構成員が実行し，実践を通してマネジメントすることを学んでいることである。

一度，経営トップが「やる」と決めた意思決定は，何が何でもやり遂げる・やり遂げるしかないということを所与のこととして，経営トップ以下の構成員が一丸となって事業化を推し進める。このプロセスを通じて，従業員がどうやったら経営トップが下した戦略的意思決定を遂行し，やり遂げることができるのかを考えながら実践する。そのプロセスが，組織構成員の判断

力や遂行能力，マネジメント能力を磨き，結果的に経営リテラシーの能力の向上に結びついてきていると考えられるのである。

すなわち，経営トップの戦略的意思決定を受けて，「組織構成員がやらざるを得ない」という状況が組織構成員の意志とは別に作り出されて，組織には沼上他［2007］が指摘する「創発戦略を機能させるために必要なミドルとロワーが連動しやすい状況」が意図せざる形で無意識的に作り出されていることを確認することができるのである。

たとえば，玉田工業が手がけた汚染水事業である"TK-絆プロジェクトF"が発足した当初は，月3基程度の製造実績しかなかったにもかかわらず，当初は2カ月で270期，トータルで3カ月370基のオーダーが東京電力から伝えられたときには，従業員の誰もが「本当にできるのか？」「無理だろう」「（社長は）また無茶な仕事を引き受けてきて」と困惑した（水野［2017c］）。

しかし，そのうちに「……とはいっても，社長が引き受けてきたからにはやらなければ仕方がない」「どうしたらできるのか」「できるんかな？ と思ったけれど，"無理"なことを言われると，燃える。やってやろうか」「何とかやり遂げなければならない。」（水野［2017c］）などと考える従業員が出始める。

そして，社内では，従業員が当初，不可能であると思った案件を「どのようにしてやり遂げるのか」という議論が進められていく。10日ほどの準備期間で同社が保有する国内3つの工場の年間使用量ほどの資材を3カ月で使い切る計算となるほどの資材量を調達し，大型の汚染水タンクを製造して中継地点であるJヴィレッジに運搬するプロセスでは，次から次へと予期していなかったトラブルが発生した。しかし，汚染水タンクが製造されている関東工場（栃木県鹿沼市）の現場を起点に，それぞれの担当者が1つずつ解決していく。

汚染水タンクの製造が軌道に乗るようになると，現場では「（製缶）を半分くらいやって，流れができてからが（作業が）楽になった。1日に6基ずつタンクが（工場を）出るようになった時には，『なんとかなる』と思った」

「コツコツと1つひとつ作り上げていくのみ」「期日までやり遂げるまでだよね」という雰囲気に変わっていく。

　期日までに作り上げたことに対しては，従業員が「やればできる」「なせば成る」「なんとかなる」「どんな仕事でも，びびることはなくなった」と実感している。同社の取締役東京支店長である川村寛之氏は，「営業がまず，大変な時期に製造現場に来て，やれることを手伝ってくれていたので，製販一体を本当に体験できた。製造の工具にしてみれば，営業マンも手伝ってくれたということで，会社全体での一体感が生まれた」と振り返っている。また当時，製造部で資材や在庫の管理を担当していた従業員は「同じ会社にいても，普段，工場の人ともほとんど話す機会がなかったし，これまで接点がなかった人ともプロジェクトを通して仲良くなったりして，仕事のことで確認や質問がしやすくなって作業がやりやすくなった。お互いの連携も良くなった」と実感している。

　このように，玉田工業の汚染水タンクのプロジェクトは，経営トップの意思決定を受けて，従業員が実践を通してマネジメントする経験を積む機会となっていたことを改めて確認することができるのである。

　クロスエフェクトの事例では，「心臓疾患を持つ赤ちゃんの心臓をCTスキャンしてデータを取り，本物に近い心臓を作れないか？」というオファーに，同社の代表取締役である竹田氏は「やる」と意思決定した後，プロジェクトメンバーを決めて，どのようにしてやり遂げるのかを考えさせた。医療分野の知識がなければ成立しなかった状況でも，メンバーらは，医学書を駆使しながら何とか意思疎通を行い，プロジェクトを進めて心臓シミュレーターの開発を成功させた。

　ナベルの事例では，顧客の要望に対して当時の九州支店長は，「そんなことできません」と顧客に断ったにもかかわらず，同社の代表取締役社長の南部氏は，その話を聞きつけるとすぐにその顧客とコンタクトを取って話し合った。そして，すぐさま開発に着手して，2年がかりで顧客の要望を満たす定重量・定数量の選別を実現するコンピュータ計量システムを搭載した卵

第8章　"日本的経営"の再考　177

の選別装置を開発した。開発に11年を要したという卵のひび割れ検査装置も，南部氏が「やる」と決断すると，技術者は1つひとつ課題を解決して開発していった。ロボット型の自動包装装置の開発では，電気関係を担当する技術者らが「そんな複雑なもの，作れませんよ」と抵抗したものの，南部氏が「お客さんが欲しがっているもの。これが開発できたら，お客さんは目を輝かして喜んでくれる」と説得して開発させた。

　これらの事例からも確認されるように，どれほど困難であると思われる業務であっても，経営トップが戦略的意思決定すると，組織構成員が実行せざるを得ず，このような実践を通してマネジメントすることを学んでいることがわかる。このようなプロセスを経て，強い組織がつくられていくことになると考えられるのである。

　以上から，第1章第4節で指摘した，日本企業が再び創発戦略を実践して，創発戦略から発生する本来の効果を得るためには，そして，組織の機軸と戦略の機軸の両輪を機能させるためには，①経営トップのみならず，経営幹部にいたるまで経営的人材としての意識を持ち，ミドルやロワーの人材に対して相互作用を引き起こす場を提供し，意図せざる結果を生むような，また事後的進化能力が構築できる組織にすること，②そのような場を提供するプロセスにおいて，ミドルやロワーに対して経営の機能の重要性と自らの果たすべき役割を認識させ，プロジェクト・リーダーなどの機会を通じて経営人材としての力量を意識的に磨いてもらうよう意識づけさせること，の重要性が事例研究を通しても支持されたといえよう。

2 "日本的経営"を再考する

⑴　機能不全に陥る原因

　第1章第3節でも確認したように，"日本的経営"が機能不全に陥ったことが指摘されるようになって久しい。沼上他 [2007] では，その根本的な原

因として，組織が内向きになった弛んだ共同体に成り下がってしまったこと，それゆえ，かつてミドルの相互作用から発生していたプラスの効果を阻害してしまっていることを挙げている。しかし，そもそも，なぜ，そのような状況を誘発してしまったのであろうか。また，なぜ，"日本的経営"や創発戦略で強調されてきた「運を実力に転換する力」「失敗から学ぶ能力」「怪我の功名をきっちり活かす能力」「意図せざる結果の意味づけを後づけでしっかり認識する能力」「何が起こっても，結局学習してしまう組織の能力」（藤本[2003]）が発揮できなくなってしまったのであろうか。

　この問いに対して，第1章第4節では，経営の機能を果たす意識を持った人材を経営幹部として登用せず，管理の機能を果たす人材が多く登用されるような人事が発令されている現状があることを指摘した。それゆえ，経営トップが戦略的意思決定を行って全社戦略を打ち出したとしても，それを具現化する過程で，経営幹部が組織下部から上がってきたアイディアやプランを潰してしまっている可能性を同時に指摘したのである。経営トップの戦略的意思決定を実現するための戦術を実践する段階で，ミドルが提案したプランを潰される状況が続くと，組織構成員のモチベーションは急速に低下し，採用されることはないであろうとミドルが判断したアイディアやプランを提示するような行動を差し控えるようになる。この結果として，「組織が内向きになった弛んだ共同体」（沼上他[2007]）となってしまうのである。

　また，この状況がより深刻な事態を招いているのも，また事実である。それは，そもそもアイディアやプランを実践する経験を持たなくなってしまうために，ミドルがプロジェクト責任者としてプロジェクトを動かしていくなかで培われるであろう経営機能を担う機会も，ミドルの相互作用から発生していたプラスの効果も，発生するわけがない状況を誘発してしまうのである。こうして，不幸にも，ミドルは管理機能を果たすだけの人材に成り下がり，「組織が内向きになった弛んだ共同体」（同）という状況にさらに拍車がかかることになる。"日本的経営"が機能不全に陥ってしまう負のスパイラルは，残念ながら，このようにしてできあがってしまったと考えることができるの

である。

(2) "日本的経営"の再建

　このような，"日本的経営"が機能不全に陥る負のスパイラルから脱却するために，そして，"日本的経営"の再建を図るためには，再び強い組織を作り上げることである。強い組織とは，「運を実力に転換する力」「失敗から学ぶ能力」「怪我の功名をきっちり活かす能力」「意図せざる結果の意味づけを後づけでしっかり認識する能力」「何が起こっても，結局学習してしまう組織の能力」（藤本［2003］）を持ち合わせる組織である。

　この力を鍛えるためには，第1に，経営幹部が，三品［2007］の指摘するように，経営人材となること，すなわち，経営幹部が経営機能の役割を果たさなければならないという意識を持って，経営リテラシーを鍛えることである。より具体的には，経営幹部は，（管理の機能を果たすことを主たる目的にするのではなく）経営トップが行った意思決定をいかにして実践に結びつけるのかを考えなければならないのである。そして，また，組織下部の構成員から出されたアイディアやプランを積極的に実践させる覚悟と意識を持たなければならないのである。

　そして，第2に，先に挙げた「組織の強さ」をサポートする3つの要因を兼ね備えることである。すなわち，その組織が競争力を発揮する手助けとなり相互にWin-Winの関係を構築することができる「筋が良いステークホルダー」（水野［2015］）を持つこと，保有資源をベースにして戦略を実践するために「現場を知る」ということ，そして，経営トップが行った戦略的意思決定をミドルが実践することによって「マネジメントすることを学ぶ」ことである。

　以上の点からも，"日本的経営"の再建の鍵は，まず，経営幹部が経営機能の役割を果たさなければいけないという意識を持って実践を重ねること，そして，次に，経営幹部が組織下部の構成員に「マネジメントすることを学ぶ場を与える」という覚悟と意識改革を持つこと，にあるといえよう。

終　章

"mottainai" 精神で戦いを制す
─本書の結論とインプリケーション

1 "日本的経営"の本質─本書の目的と構成，主張の整理

　本書の目的は，「なぜ，日本企業が優れた保有資源を有しているのに企業競争力や国際競争力に結びついていないのか」「もしそれが本当であるとすれば，企業経営の意思決定はどこで間違えたのか」「そうであるとすれば，日本企業はどうしたら事業で競争力を発揮することができるのか」という問題認識のもと，知識や情報，技術といった企業がそれまで保有してきた資源を最大限に活かす「資源ベースの戦略」を実践して，企業の強みや競争力に結びつけてきた事例を取り上げることによって，"日本的経営"を再考することにあった。

　そのため，本書では，"日本的経営"を支えてきた根底にある資源ベースの戦略論の研究の系譜をまとめ（第1章第1節），「組織の強さ」に着目してきた"日本的経営"，そして，親和性の高い創発戦略について整理した（第1章第2節）。

　しかし，その後，日本企業の競争力の源泉であるとされていた「組織の強さ」，および，それを支えていた"日本的経営"が機能不全に陥っているという論調が2000年代前後から増え始めた。そのため，"日本的経営"が機能不全に陥っている研究を整理して，3つのパターンに分類した（第1章第3節）。それは，組織の良し悪しには言及せず，企業が立案する戦略が不全で

あるために“日本的経営”が失速したという論調と（第1章第3節の(1)），組織面では機能しているにもかかわらず，戦略が機能不全に陥ってしまっているという論調（第1章第3節の(2)），“日本的経営”で強いと思われていた組織そのものが機能しなくなったために戦略も機能しなくなったという論調（第1章第3節の(3)）が確認された。そこで，戦略の機軸と組織の機軸の両輪を機能させ，日本企業本来の強さを取り戻すためにはどうすべきか，を議論するために，組織の機軸がうまく機能していない企業の経営者や経営幹部の発言と，組織の機軸が機能して戦略にプラスの影響を与えている企業の経営者や経営幹部の発言とを比較して分析した（第1章第3節の(4)）。

　そこから導出された推論は，“日本的経営”が機能不全に陥り，組織の機軸と戦略の機軸が機能しなくなった理由として，経営トップの戦略不全，すなわち，経営者に戦略立案能力がないという指摘，にあるのではなく，立案した戦略の実行プロセスに問題があるということであった。すなわち，経営トップは戦略立案しているものの，立案した戦略を実行するプロセスで，経営幹部らが組織の下部から上がってきた戦術プランを実行するかどうか決定できないでいるために，結果として，組織が戦略不全の状況に陥っていると指摘したのである。これは2つの意味で“日本的経営”を機能させなくしていることも同時に指摘した。それは，①組織が，立案した戦略を実行する過程において，組織下部が戦術プランを上層部に上げたにもかかわらず，それが否定されることによって，ミドルやロワーにとって組織内で積極的に活動して相互作用を引き起こそうとするインセンティブが急速に低下していくこと，そして，②ミドルやロワーが提案したプランがプロジェクト化されたのであれば，プロジェクト責任者としてプロジェクト運営を行っていくなかで培われるであろう（管理機能ではなく）経営機能を担う機会をも奪ってしまうことである。

　そのため，日本企業が再び創発戦略を実践してそこから発生する本来の効果を得るためには，①経営トップのみならず経営幹部にいたるまでが経営的人材としての意識を持ち，ミドルやロワーの人材に対して相互作用を引き起

こす場を提供し，意図せざる結果を生む組織，また，事後的進化能力が構築できる組織にすること，②そのような場を提供するプロセスにおいて，ミドルやロワーに対して経営の機能の重要性と自らの果たすべき役割を認識させ，プロジェクト・リーダーなどの機会を通じて経営人材としての力量を意識的に磨いてもらうよう意識づけをさせることが重要であると主張した。

その上で，"日本的経営"の良さであった資源ベースの戦略論に基づいて保有資源を十全に活用し，再び創発戦略の循環を取り戻すために，どのような視点で事業を模索し，展開すべきなのかについての戦略フレームワークを提示した（第2章）。その戦略フレームワークはAnsoff［1965］の戦略マトリックスやMarchの組織学習に関する知の探索（exploration）と活用（exploitation）の議論に依拠している。ここから，資源ベースの戦略論および創発戦略を考える上で重要となる戦略を，中核技術を起点として事業展開する技術拡張戦略と，既存顧客に新たな事業価値を提供する顧客フィクスト戦略に分別した。また，技術拡張戦略は，同一業界の川上および川下工程に事業展開する技術ストレッチ戦略と中核技術を異なる事業領域に展開する技術スライド戦略に分別した。

第3章から第5章では，事例研究として，戦略フレームワークに合致した実践例を取り上げた。第3章では，技術拡張戦略における技術ストレッチ戦略の事例として，焼き菓子メーカーがその装置を利用して焼き菓子を製造することになったマスダックの事例と，ブラスト装置メーカーがその装置を利用してブラスト加工することになった不二製作所の事例を取り上げた。

第4章と第5章は，技術拡張戦略における技術スライド戦略をB2Bに展開したタイプ（第4章）とB2Cに展開したタイプ（第5章）に分別して取り上げている。前者は，ガソリンタンクの製造技術を防火水槽や貯水槽，緊急患者搬送用ドクターヘリ給油設備システムという異なる事業領域に展開した玉田工業と，3Dのモデリングや光造形の技術を医療業界に展開したクロスエフェクトの事例を取り上げた。後者は，航空機のジェットエンジン主軸のベアリング部品加工技術を自転車用のハブ部品という異なる事業領域に展

開した近藤機械製作所と，大型金属の精密加工技術をインテリア・アート作品の製造という異なる事業領域に技術を展開させた川並鉄工の事例を取り上げた。

そして，第6章では，顧客フィクスト戦略の事例として，養鶏業者という顧客ターゲットを変えることなく，次々と顧客に鶏卵に関する新たな価値を提供する装置を開発しているナベルの事例を取り上げた。

第7章では，それぞれの事例を整理して，それぞれの戦略，および，効果と留意点をまとめて戦略比較を行った。事例企業のような組織の何らかの保有資源をベースに戦略を展開する議論や創発戦略を踏まえて，第8章で“日本的経営”について再考する足がかりとしたのである。

第8章では，資源ベースの戦略論およびそこに端を発する創発戦略を実践するプロセスにおいて重要なことは，それまで“日本的経営”の議論で強調されてきた「運を実力に転換する力」「失敗から学ぶ能力」「怪我の功名をきっちり活かす能力」「意図せざる結果の意味づけを後づけでしっかり認識する能力」「何が起こっても，結局学習してしまう組織の能力」（藤本［2004］99頁）であったことを指摘した。やはり，そのような組織の強みを発揮する必要があったのである。しかし，この組織の強みは，蓄積されてきた優良な保有資源があるだけでは必要十分条件ではないことも同時に指摘した。強い組織をつくるためのサポート要因が重要だったのである。それは，組織が競争力を発揮する手助けとなり，相互にWin-Winの関係を構築することができる「筋が良いステークホルダー」（水野［2015］）の存在と，保有資源をベースにして戦略を実践するために「現場を知る」ということ，そして，経営トップが行った戦略的意思決定を実践することによって，組織の構成員が「マネジメントすることを学ぶ」ことであった。

---

2 「組織の強さ」を取り戻すために—本書の結論

以上から，「なぜ，日本企業が優れた保有資源を有しているのに企業競争

力や国際競争力に結びついていないのか」「なぜ，"日本的経営"は機能不全に陥ったのか」「もしそれが本当であるとすれば，企業経営の意思決定はどこで間違えたのか」「そうであるとすれば，日本企業はどうしたら事業で競争力を発揮することができるのか」という問いに対しては，以下のように答えることができる。

　企業経営のトップは戦略立案したものの，立案した戦略を実行するプロセスで，経営幹部らが組織の下部から上がってきた戦術プランを実行するかどうか決定できないでいるために，①組織が立案した戦略を実行するために，組織下部が戦術プランを上げたにもかかわらず，それが否定されることによって，組織のミドルやロワーの人材が組織内で積極的に活動して相互作用を引き起こそうとするインセンティブが急速に低下していくこと，そして，②ミドルやロワーが提案したプランがプロジェクト化されなかったために，プロジェクト責任者としてプロジェクト運営を行っていくなかで培われたであろう（管理機能ではなく）経営機能を担う機会をも奪ってしまうという状況を作り出し，結果として，組織が戦略不全の事態に陥ってしまっているのである。

　長期的スパンで考えると，このような経験を持たない経営幹部やミドルが組織の上層部になっていくと，「意思決定することができない管理機能にのみ注力する企業経営のトップ」に成り下がってしまう状況を生むことになる。それが，残念ながら日本企業に起こってしまっていると考えられるのである。これは，すなわち，第1章における，既存研究から導出した推論が支持されるに至ったことを意味している。

　したがって，"日本的経営"を再建させるためには，そして，日本企業が再び創発戦略を実践してそこから発生する本来の効果を得るためには，①経営トップのみならず経営幹部にいたるまで経営的人材としての意識を持ち，ミドルやロワーの人材に対して相互作用を引き起こす場を提供し，意図せざる結果を生む，また，事後的進化能力が構築できる組織にすること，②そのような場を提供するプロセスで，ミドルやロワーに対して経営の機能の重要

性と自らの果たすべき役割を認識させ，プロジェクト・リーダーなどの機会を通じて経営的人材としての力量を意識的に磨いてもらうよう意識づけをさせることが重要であることが再確認されたのである。

3 "日本的経営"のこれから―本書のインプリケーション

本書から導き出されるインプリケーションは，次のとおりである。まず，資源ベースの戦略論に依拠する創発戦略は，沼上他［2007］が指摘するように日本企業にとっては依然として有効な戦略であると示したことである。"日本的経営"を支える基となっていたミドルとロワーの相互作用が阻害され，組織が内向きになった弛んだ共同体から再建する解，そして，具体的方法が存在することを指摘したのである。

次に，日本企業が創発戦略を実践し，強い組織を創り出していた"日本的経営"を再建させる具体的な解・方法を導出したことである。強い組織を創り出していた"日本的経営"を再建させるために，そして，沼上他［2007］が指摘する組織が内向きになった弛んだ共同体の状態から脱却するために，前節でも先述したように，①経営トップのみならず経営幹部が経営的人材としての意識を持ち，ミドルやロワーの人材に対して相互作用を引き起こす場を提供し，意図せざる結果を生むよう組織を方向づけること，また，事後的進化能力が構築できる組織にすること，②そのような場を提供するプロセスで，ミドルやロワーに対して経営の機能の重要性と自らの果たすべき役割を認識させ，プロジェクト・リーダーなどの機会を通じて経営的人材としての力量を意識的に磨いてもらうよう意識づけをさせることがきわめて重要であること，がわかるのである。

2000年代以降，特に，企業幹部の多くが経営機能を果たすことができていないために，"日本的経営"が機能しなくなっている"mottainai"状態に陥っている。この"mottainai"状況から早く脱却して日本企業が"自信"を取り戻すためには，そして，日本企業が再び強い組織を創り出すためには，

将来の企業の経営を担う経営幹部の経営人材としての覚悟と意識改革が求められているといえるのである。

参考文献

Abegglen, J. C. [1958] *The Japan Factory: Aspects of Its Social Organization*, Free Press, Glencoe, IL. (アベグレン著, 山岡洋一訳 [2004]『日本の経営・新訳版』日本経済新聞社)

Ansoff, H. I. [1965] *Corporate Strategy: An Analitic Approach to Business Policy for Growth and Expansion*, McGraw-Hill, US.

Aroson, E. [1973] The Rationalizing Animal, *Psychology Today Magazine*, May, pp.46-51.

Audric, J. [1948] The Amazing Resilience of Children, *Medical World*, Nov 5, Vol.69, No.11, pp.329-331.

Barney, J. B. [1986] Types of competition and the theory of strategy: Toward an integrative framework, *Academy of Management Journal*, 11(4), pp.791-800.

Barney, J. B. [1991] Firm resources and sustained competitive advantage, *Journal of Management*, 17(1), pp.99-120.

Barney, J. B. [2002] *Strategic Management and Competitive Advantage: Concepts*, Pearson Education, London; International ed. of 2 th revised ed. (バーニー著, 岡田正大訳 [2003]『企業戦略論【上】基本編 競争優位の構築と持続』ダイヤモンド社)

Benner, M.J. & Tushman, M. L. [2003] Exploitation, exploration, and process management: The productivity dilemma revisited, *Academy of Management Review*, 28(2), pp.238-256.

Berle, A. A. & Means, G. C. [1932] *The Modern Corporation and Private Property*, Macmillan, NY.

Burgelman, R. A. [2002a] Strategy as Vector and the Inertia of Coevolutionary Lock-in, *Administrative Science Quarterly*, 47, pp.325-357.

Burgelman, R. A. [2002b] *Strategy is Density: How Strategy-Making Shapes a Company's Future*, Free Press, NY.

Calmeli, A. & Markman, G. D. [2011] Capture, Governance, and Resilience : Strategy Implications from the History of Rome, *Strategic Management Journal*, 32 (3), pp.322-341.

Cao, Q., Gedajlovic, E. & Zhang, H. [2009] Unpacking organizational ambidexterity: Dimensions, contingencies and synergistic effects, *Organization Science*, 20, pp.781-796.

Chandler, A. D. Jr. [1962] *Strategy and Structure: Chapers in the History of the American Industrial Enterprise*, MIT Press, Cambridge, MA.

Christensen, C. M. [1997] *The Innovator's Dilemma: When New Technologies Cause*

Great Firms to Fail, Harvard Business School Press, Boston, MA.

Clarke, A. D. B. & Clarke, A. M. [1958] Cognitive and Social Changes in the Feebleminded-Three Future Studies, *British Journal of Phycology,* 49(2), pp.144-157.

Collis, D. J. [1994] Research note: How valuable are organizational capabilities?, *Strategic Management Journal,* 15, pp.143-152.

Cottrell, T. & Nault, B. R. [2004] Product variety and firm survival in the microcomputer software industry, *Strategic Management Journal,* 25, pp.1005-1025.

Deal, T. E. & Kennedy, A. A. [1982] *Corporate Culture,* Addison-Welsley, Reading, MA.

Dosi, G. [1982] Technological paradigms and technological trajectories: A suggested interpretation of the determinants and directions of technical change, *Research Policy,* 11, pp.147-162.

Eisenhardt, K. M. & Martin, J. A. [2000] Dynamic capabilities: What are they?, *Strategic Management Journal,* 21(10), pp.1105-1121.

Festinger, L. [1957] *A Theory of Cognitive Dissonance,* Stanford University Press, Stanford, CA.

Gibson, C. B. & Birkinshaw, J. [2004] The antecedents, consequences, and mediating role of organizational ambidexterity, *Academy of Management Journal,* 47(2), pp.209-226.

Granovetter, M. [1973] The strength of weak tie, *American Journal of Sociology,* 78 (6), pp.1360-1380.

Granovetter, M. [1974] *Getting a Job: A Study of Contacts and Carriers,* Harvard University Press, Cambridge, MA.

Granovetter, M. [1985] Economic action and social structure: The problem of embeddedness, *American Journal of Sociology,* 91, pp.481-510.

Hall, D. & Saias, M. A. [1980] Strategy follows structure!, *Strategic Management Journal,* 1 (2), pp.149-163.

He, Z. & Wong, P.-k [2004] Exploration and exploitation: An empirical test of the ambidextorious hypothesis, *Organization Science,* 15, pp.481-496.

Henderson, R. & Cockburn, I. [1994] Measuring Competence? Exploring firm effects in Pharmaceutical research, *Strategic Management Journal,* 15, pp.63-84.

Holling, C., S. [1973] Resilience and Stability of Ecological Systems, *Annual Review of Ecology and Systematics,* 4, pp. 1 -23.

Hunter, S. L. [1963] Scottish education: Changes in the Examination Structure in Secondary Schools, *International Review of Education: Journal of Lifelong Learning,* 9 (3), pp.310-324.

Itami, T. & Numagami, T. [1992] Dynamic interaction between strategy and technology, *Strategic Management Journal,* 13, pp.119-135.

Lee, J. Lee, J. & Lee, H. [2003] Exploration and exploitation in the presence of network externalities, *Management Science,* 49, pp.553-570.

Levinthal, D. & March, J. G. [1993] The myopia of learning, *Strategic Management Journal,* 14, pp.95-112.

Lipsey, R. G. Bekar, C. T. & Carllaw, K. I. [1998] What requires innovation?, In Helpman, E. (ed.), *General Purpose Technologies and Economic Growth,* MIT Press, Cambridge, MA.

Lubatkin, M. H., Simsek, Z., Ling, Y. & Veiga, J. F. [2006] Ambidexterity and performance in small-to medium-sized firms: The pivotal role of top management team behavioral integration, *Journal of Management,* 32(5), pp.646-672.

March, J. [1991] Exploration and exploitation in organizational learning, *Organization Science,* 2, pp.71-87.

Markides, C. C. [2013] Business model innovation: What can the ambidexterity literature teach us?, *The Academy of Management Perspectives,* 27(4), pp.313-323.

Mitchell, A. [2013] Risk and Resilience: From Good Idea to Good Practice, OECD Development Co-operation, *Working Paper,* 13/2013.

Mintzberg, H., Ahlstrand, B. & Lampel, J. [1998] *Strategic Safari: A Guided Tour through the Wilds of Strategic Management,* The Free Press. (ミンツバーグ・アルストランド・ランペル著, 齋藤嘉則監訳, 木村充・奥澤明美・山口あけも訳 [1999]『戦略サファリ』東洋経済新報社)

Mizuno, Y. [2013] Make provision for future growth under adverse circumstances, *Annals of Business Administrative Science,* 12, pp.311-326.

Murphy, H. B. M. [1951] The Resettlement of Jewish Refugees in Israel, with Special Reference to Those Known as Displaced Persons, *Population Studies,* 5 (2), pp.153-174.

Nair, A., Trendowski, J. & Judge, W. [2008] Reviewed work(s): The theory of the growth of the firm by Edith T. Penrose, *Academy of Management Review,* 33(4), pp.1026-1028.

Nelson, R. & Winter, S. [1982] *An Evolutionary Theory of Economic Change,* Belknap Press: Cambridge, MA.

Nonaka, I. [1991] The knowledge-creating company, *Harvard Business Review,* Nov-Dec, Harvard Business School Publishing.

Ortiz-De-Mandojana, N. & Bansal, P. [2016] The Long-Team Benefits of Organizational Resilience though Sustainable Business Practices, *Strategic Management Journal,* 37, pp.1615-1631.

Penrose, E. T. [1959] *The Theory of the Growth of the Firm* (3 rd ed.), Oxford University Press, Oxford, UK. (ペンローズ著, 日高千景訳 [2010]『企業成長の

理論（第3版）』ダイヤモンド社）

Peteraf, M. A. [1993] The cornerstone of competitive advantage: A resource-based view, *Strategic Management Journal*, 1483, pp.179-191.

Pettigrew, A. M. [1992] The character and significance of strategy process research, *Strategic Management Journal*, 13, 5-16.

Porter, M.E. [1980] *Competitive Strategy*, Free Press, New York. （ポーター著，土岐坤・服部照夫・中辻萬治訳 [1982]『競争の戦略』ダイヤモンド社）

Porter, M.E. [1991] Towards a dynamic theory of strategy, *Strategic Management Journal*, 12, pp.95-117.

Prahalad, C. K. & Hamel, G. [1990] The core competence of the corporation, *Harvard Business Review*, May-June, pp.79-91.

Rao, H. & Greve, H. [2017] Disasters and Community Resilience: Spanish Flu and the Formation of Retail Cooperatives in Norway, *Academy of Management Journal*, Forthcoming （doi: 10.5465/amj.2016.0054）.

Shin, J., Tayler, M. S. & Seo, M. [2012] Resources for Change: the Relationships of Organizational Inducements and Psychological Resilience to Employees' Attitudes and Behaviors towards Organizational Change, *Academy of Management Journal*, 55, pp.727-748.

Simon, H. A. [1997] *Administrative Behavior: A Study of Decision-Making Processes in Administrative Organizations*, Forth Edition, The Free Press. （サイモン著，二村敏子・桑田耕太郎・高尾義明・西脇暢子・高柳美香訳 [2009]『新版　経営行動—経営組織における意思決定過程の研究—』ダイヤモンド社）

Teece, D. J. [2007] Explicating Dynamic Capabilities: The Nature and Microfoundations of （sustainable） Enterprise Performance, *Strategic Management Journal*, 28, pp.1319-1350.

Teece, D. J. [2009] *Dynamic Capabilities and Strategic Management*, Oxford University Press, NY.

Teece, D. J., Pisano, G. & Shuen, A. [1997] Dynamic Capabilities and Strategic Management, *Strategic Management Journal*, 18 (7), pp.509-533.

Thurston, R. H. [1874] On the strength, elasticity, ductility and resilience of materials of machine construction, *Journal of Franklin Institute*, 97(4), pp.273-288.

Tredgold, T. [1818a] XXXVII. On the transverse strength and resilience of timber, *Philosophical Magazine Series* 1, 51 （239）, pp.214-216.

Tredgold, T. [1818b] XLVI. On the resilience of materials; with experiments, *Philosophical Magazine Series* 1, 51 （240）, pp.276-279.

Uotila, J., Maula, M., Keil, T. & Zhara, S. A. [2008] Exploration, exploitation and firm performance: An analysis of S&P 500 corporations, *Strategic Management Journal*, 30, pp.221-231.

van der Veget, G. S., Essens, P., Wahlstrom, M. & George, G.［2015］Managing risk and resilience, *Academy of Management Journal,* 58(4), pp.971-980.

Verona, G.［1999］Note: A resource-based view of product development, *Academy of Management Review,* 24(1), pp.132-142.

Williams, T. A. & Shepherd, D. A.［2016］Building Resilience or Providing Sustenance: Different Path of Emergent Ventures in the Aftermath of the Haiti Earthquake, *Academy of management Journal,* 59, pp.2069-2102.

Zhiang, L., Yang, H. & Demirkan, I.［2007］The performance consequences of ambidexterity in strategic alliance formations: Empirical investigation and computational theorizing, *Management Science,* 53, pp.1645-1658.

淺羽茂［2009］「戦略構想プロセスの研究・教育の必要性」『組織科学』42(3)，48-58頁。

網倉久永［2002］「組織の自律的ダイナミクス」『一橋ビジネスレビュー』50(1)，40-53頁。

アンゾフ著，中村元一訳［2015］『〈新装版〉アンゾフ戦略経営論〔新訳〕』中央経済社。

伊丹敬之［1980］『経営戦略の論理』日本経済新聞出版社。

伊丹敬之［1984］『新・経営戦略の論理』日本経済新聞社。

伊丹敬之［1999］『場のマネジメント―経営の新パラダイム―』NTT出版。

伊丹敬之［2005］『場の論理とマネジメント』東洋経済新報社。

伊丹敬之［2012］『経営戦略の論理（第4版）』日本経済新聞出版社。

伊丹敬之・軽部大［2004］『見えざる資産の戦略と論理』日本経済新聞社。

今井賢一・伊丹敬之・小池和男［1982］『内部組織の経済学』東洋経済新報社。

岡田正大［2009］「戦略策定のリアリティと戦略理論研究への課題」『組織科学』42(3)，16-30頁。

小倉昌男［1999］『小倉昌男　経営学』日経BP出版センター。

加護野忠男［2004］「コア事業をもつ多角化戦略」『組織科学』37(3)，4-10頁。

加護野忠男・野中郁次郎・榊原清則・奥野昭博［1983］『日米企業の経営比較―戦略的環境適応の理論―』日本経済新聞社。

加藤俊彦・軽部大［2009］「日本企業における事業戦略の現状と課題：質問票調査に基づくデータ分析から」『組織科学』42(3)，4-15頁。

北野利信［1977］『経営学説入門』有斐閣。

楠木建［2009］「短い話を長くする：ストーリーの戦略論」『組織科学』42(3)，31-47頁。

楠木建［2010］『ストーリーとしての競争戦略』東洋経済新報社。

楠木建・阿久津聡［2006］「カテゴリー・イノベーション：脱コモディティ化の論理」『組織科学』39(3)，4-18頁。

桑田耕太郎・田尾雅夫［2010］『組織論　補訂版』有斐閣。

三枝匡［1991］『戦略プロフェッショナル―競争逆転のドラマ―』ダイヤモンド社。

三枝匡［1994］『経営パワーの危機―熱き心を失っていないか（ビジネス戦略ストーリー）―』日本経済新聞社。

三枝匡［2003］『経営パワーの危機―会社再建の企業変革ドラマ―』日本経済新聞社。

坂本義和［2009］「組織能力とは何か？―組織能力向上のメカニズムに関する試論―」
『三田商学研究』第51巻6号，145-160頁。

島本実［2015］「流れの経営史：A・チャンドラーの理論発見的歴史研究」『組織科学』
49(2)，40-52頁。

清水洋［2016］『ジェネラル・パーパス・テクノロジーのイノベーション―半導体レー
ザーの技術進化の日米比較―』有斐閣。

スターク著，中野勉・中野真澄訳［2011］『多様性とイノベーション―価値体系のマ
ネジメントと組織のネットワーク・ダイナミズム―』日本経済新聞出版社。

鈴木竜太［2013］『関わりあう職場のマネジメント』有斐閣。

妹尾堅一郎［2009］『技術で勝る日本が，なぜ事業で負けるのか』ダイヤモンド社。

組織学会編［2013］『組織論レビューⅡ―外部環境と経営組織―』白桃書房。

チャンドラー著，有賀裕子訳［2004］『組織は戦略に従う』ダイヤモンド社。

一橋大学イノベーション研究センター編［2001］『イノベーション・マネジメント入
門―マネジメント・テキスト―』日本経済新聞社。

福澤光啓［2013］「ダイナミック・ケイパビリティ」組織学会編『組織論レビューⅡ
―外部環境と経営組織―』41-84頁。

藤本隆宏［1997］『生産システムの進化論―トヨタ自動車にみる組織能力と創発プロ
セス』有斐閣。

藤本隆宏［2003］『能力構築競争』中央公論新社。

藤本隆宏［2004］『日本のもの造り哲学』日本経済新聞社。

沼上幹［1999］『液晶ディスプレイの技術革新史―行為連鎖システムとしての技術―』
白桃書房。

沼上幹［2000］『行為の経営学―経営学における意図せざる結果の探求―』白桃書房。

沼上幹［2003］『組織戦略の考え方―企業経営の健全性のために―』筑摩書房。

沼上幹［2009］『経営戦略の思考法』日本経済新聞社。

沼上幹［2016］『シリーズ・ケースで読み解く経営学① ゼロからの経営戦略』ミネ
ルヴァ書房。

沼上幹・軽部大・加藤俊彦・田中一弘・島本実［2007］『組織の〈重さ〉』日本経済新聞社。

野口悠紀雄［2005］『日本経済改造論』東洋経済新報社。

野中郁次郎［1990］『知識創造の経営』日本経済新聞社。

野中郁次郎［2007］「ナレッジ・クリエイティング・カンパニー」『組織能力の経営論
―学び続ける企業のベスト・プラクティス―』1-36頁。

延岡健太郎［1996］『マルチプロジェクト戦略』有斐閣。

延岡健太郎［2002］「日本企業の戦略的意思決定能力と競争力」『一橋ビジネスレビュー』
50(1)，24-38頁。

延岡健太郎［2011］『価値づくり経営の論理』日本経済新聞出版社。

妹尾堅一郎［2009］『技術で勝る日本が，なぜ事業で負けるのか』ダイヤモンド社。

武石彰［2003］『分業と競争―競争優位のアウトソーシング・マネジメント―』有斐閣。

三品和広［2002］「企業戦略の不全症」『一橋ビジネスレビュー』50(1)，6-23頁。

三品和広［2004］『戦略不全の論理』東洋経済新報社。

三品和広［2007］『戦略不全の因果』東洋経済新報社。

水野由香里［2015］『小規模組織の特性を活かすイノベーションのマネジメント』碩
学舎。

水野由香里［2017a］「Resilienceに関する文献レビュー――経営学研究における理論的
展開可能性を探る―」『経営論叢』国士舘大学経営学会，6(2)，117-153頁。

水野由香里［2017b］「高い機能的価値を有している中小企業の技術イノベーション」『日
本経営学会誌』38，42-51頁。

水野由香里［2017c］「「国難を救う！」と，不可能を可能にした企業の挑戦と軌跡　3ヶ
月で370基の汚染水タンクを作り上げた玉田工業"TK-絆プロジェクトF"の全貌」
日本ケースセンター（コンテンツID：CCJB-OTR-16014-01）。

山岡徹［2015］『変革とパラドクスの組織論』中央経済社。

米倉誠一郎・清水洋［2015］『オープン・イノベーションのマネジメント―高い経営
成果を生む仕組みづくり―』有斐閣。

索　引

■英　数

B 2 B ············· 7, 87, 114, 121, 140, 149, 150
B 2 C ·· 7, 109, 114, 121, 142, 143, 149, 150
mottainai ···················· 1, 2, 5, 46, 181, 186
OEM ····································· 78, 80, 81
Off-JT ··· 32
OJT ··· 32
Win-Win ·························· 146, 147, 148, 159

■あ　行

ア・プリオリ ····················· 144, 151, 153,
　　　　　　　　　　　155, 157, 158, 161
意図せざる結果 ······· 19, 22, 24, 42, 43, 45,
　　　　　　　　　　67, 96, 99, 155, 156,
　　　　　　　　　162, 166, 169, 170, 177, 178
裏の競争力 ·································· 2, 35
オーバーエクステンション戦略 ·········· 22
オープン・イノベーション ····· 41, 43, 44
重たい組織 ······································ 37

■か　行

学習の近視眼 ··································· 67
活用 ·································· 66, 67, 68, 71
慣性 ··· 37
機会損失 ·· 129
技術の棚卸し ··································· 152
気づく力 ·· 83
京都試作ネット ··········· 100, 101, 105, 116,
　　　　　　　　　　117, 143, 172, 173
経営的人材 ························· 37, 177, 186
経営的力量 ······································ 36
経営パワー ······························ 36, 37, 41
経営リテラシー ········· 39, 40, 45, 175, 179

経済的成果 ······························· 1, 6, 15
ケイパビリティ ································· 53
経路依存 ···························· 12, 15, 27, 28
怪我の功名 ············· 19, 22, 24, 67, 169, 178
限定合理性 ······································ 25
限定合理的な組織観 ·········· 22, 24, 27, 63
限定された合理性 ······························ 25
現場 ······· 131, 134, 136, 137, 173, 174, 176
コア・コンピタンス ··············· 11, 12, 16,
　　　　　　　　　　54, 83, 85
コンピテンシー ······························ 53, 54

■さ　行

最適化意思決定 ································· 25
事業承継 ·· 116
資源ベースの戦略論 ··· 5, 6, 11, 12, 14, 16,
　　　　　　　　　28, 53, 66, 69, 162, 166
事後的合理性 ········· 19, 22, 25, 63, 67, 96,
　　　　　　　　　99, 155, 156, 162, 166, 170
事後的進化能力 ··············· 19, 22, 42, 43,
　　　　　　　　　45, 63, 67, 177
シナジー効果 ························· 158, 163, 164
社会生態学研究 ································· 57
賞 ········· 104, 105, 106, 117, 118, 120, 121,
　　　　　127, 131, 134, 137, 142, 143, 155, 156
商標登録 ·· 119
情報的相互作用 ································· 21
所有と経営 ······································ 30
深層の競争力 ···································· 12
ステークホルダー ··············· 97, 98, 99, 140,
　　　　　　　　　141, 146, 148, 151, 152,
　　　　　　　　　155, 162, 171, 172, 173, 179
制約 ················ 2, 19, 22, 25, 67, 73, 110

セミ・ストラクチャード・インタビュー
  ……………………………………… 73
戦略は組織に従う ………………… 21
戦略不全 …… 6, 29, 30, 32, 38, 44, 45, 185
戦略ポジショニング …………… 16, 17
戦略リテラシー ………… 32, 39, 40, 45
創発戦略 … 6, 25, 26, 27, 28, 37, 39, 40, 42,
  43, 44, 63, 69, 162, 166, 169, 170, 177
組織間関係 …………………………… 59
組織慣性 …………………………… 38
組織づくり ………………………… 4
組織能力 ………… 2, 6, 12, 15, 17, 28,
  29, 53, 54, 55, 56, 170
組織の限定合理性 ………………… 67
組織は戦略に従う ………… 3, 13, 34
備え ………………………………… 4

■た　行

ダイナミック・ケイパビリティ …… 6, 28,
  55, 56
ダイナミック・シナジー ………… 34
探索 ………………… 66, 67, 68, 71
知識創造 …………………………… 18
中核技術 ……… 72, 75, 76, 93, 98, 140, 147,
  149, 151, 152, 153, 157, 163
ディマンド・プル ………… 151, 172
テクノロジー・プッシュ ………… 141, 151,
  157, 171
特許 ………… 79, 81, 119, 126, 127
トレードオフ …………………… 153

■な　行

ニッチ市場 ……………………… 127
日本的経営 …… 2, 7, 18, 22, 26, 28, 29, 30,
  32, 33, 34, 38, 39, 46, 63, 166,
  169, 177, 178, 179, 181, 185, 186

■は　行

場 ………………… 21, 101, 136
破壊的イノベーション ……… 65, 115, 128,
  130, 131, 132, 133, 137, 141,
  142, 143, 149, 153, 154, 160, 162, 166
日頃（ごろ）の心構え ………… 20, 100
表の競争力 ………………………… 2, 35
フィット …………… 144, 151, 161
副次的（な）効果 …………… 99, 115, 155
ブランド ………… 78, 79, 80, 81, 112,
  119, 120, 139, 147

■ま　行

満足化意思決定 ………………… 25
見えざる資産 ………… 12, 16, 20
幹の太い技術 …………… 152, 153
ミドル ……… 26, 39, 40, 41, 42, 44, 45,
  46, 175, 177, 178, 179, 185
モチベーション …… 46, 137, 156, 163, 178
もの造り神話 …………………… 38

■や　行

弛んだ共同体 …………………… 40, 41
予期せぬ学び ……………………… 24

■ら　行

リスク分散 ………… 143, 148, 155
リスクヘッジ …………… 78, 81, 96, 104,
  114, 120, 141, 142
立地 ……………………………… 93
リフレーミング ………………… 152
ルーチン …………………… 23, 54
レジリエンス …… 6, 56, 58, 59, 60, 62
ロワー …………… 40, 41, 42, 44, 45,
  46, 175, 177, 185

■著者紹介

水野 由香里（みずの　ゆかり）

国士舘大学経営学部教授

岐阜県生まれ。聖心女子大学卒業。一橋大学大学院商学研究科修士課程修了，同博士後期課程単位取得退学。

2005年度から独立行政法人中小企業基盤整備機構リサーチャー，2007年度から西武文理大学サービス経営学部専任講師，准教授，2016年度から国士舘大学経営学部准教授，2018年度より現職。

主要業績には，「場のメカニズムの変化をもたらした中核企業の役割」（『日本経営学会誌』，平成17年度日本経営学会賞受賞），『小規模組織の特性を活かすイノベーションのマネジメント』（碩学叢書・碩学舎，2015年，平成28年度中小企業研究奨励賞受賞），「利益相反の可能性を内在的に抱える協同体が存続する要件」「高い機能的価値を有している中小企業の技術イノベーション」（以上，『日本経営学会誌』），「組織のライフステージをたどる組織の成功要因―協立電機の事例から―」（『赤門マネジメント・レビュー』），「平準化による価値創造」（『1 からのサービス経営』碩学舎，2010年），「産業クラスターのライフ・サイクルと政策的支援の意義」（『産業クラスター戦略による地域創造の新潮流』白桃書房，2017年），"Make provision for future growth under adverse circumstances" "Collective strategy for implementing innovation in case of SMEs"（以上，*Annals of Business Administrative Science*），"How to implement innovation and R&D in SMEs"（*Journal of Business and Economics*）などがある。

戦略は「組織の強さ」に従う
"日本的経営"の再考と小規模組織の生きる道

2018年5月1日　第1版第1刷発行

著　者　水　野　由香里
発行者　山　本　　　継
発行所　㈱中　央　経　済　社
発売元　㈱中央経済グループ
　　　　パ ブ リ ッ シ ン グ

〒101-0051　東京都千代田区神田神保町1-31-2
電話　03（3293）3371（編集代表）
　　　03（3293）3381（営業代表）
http://www.chuokeizai.co.jp/
印刷／㈱堀内印刷所
製本／有井上製本所

© 2018
Printed in Japan

＊頁の「欠落」や「順序違い」などがありましたらお取り替えいた
しますので発売元までご送付ください。（送料小社負担）
ISBN978-4-502-26381-1　C3034

JCOPY〈出版者著作権管理機構委託出版物〉本書を無断で複写複製（コピー）することは，
著作権法上の例外を除き，禁じられています。本書をコピーされる場合は事前に出版者
著作権管理機構（JCOPY）の許諾を受けてください。
JCOPY〈http://www.jcopy.or.jp　eメール：info@jcopy.or.jp　電話：03-3513-6969〉